F. THIBAUT

HISTOIRE

de

PÉROUGES

(AIN)

Perogiæ Perogiarum Urbs imprenabilis !

BOURG
IMPRIMERIE DU « COURRIER DE L'AIN »
1903

HISTOIRE

de

PÉROUGES

(Ain)

F. THIBAUT

HISTOIRE

de

PÉROUGES

(AIN)

Perogiæ Perogiarum Urbs imprenabilis !

BOURG

IMPRIMERIE DU « COURRIER DE L'AIN »

—

1903

TABLE DES MATIÈRES

Gravures

Cliché A. Hudellet

PÉROUGES en 1903

LA PETITE PATRIE

Sonnet

Il m'est doux le pays dont je fus exilé,
Mais où j'ai pour toujours dénoué mes sandales :
C'est l'*Imprenabilis* des luttes féodales,
Le *Perogiarum* déchu, démantelé !

Les preux bardés de fer, du fortin crénelé,
Ne lèvent plus la herse aux heures matinales :
Leurs pas lourds et pesants résonnant sur les dalles,
N'éveillent plus l'écho muet et désolé.

Mais la verte colline où surgit son enceinte
Et la vallée ombreuse où court le Longevent
Me remplissent toujours d'une émotion sainte.

C'est là que je naquis, et c'est là que souvent
J'ai rêvé, j'ai chanté, sur ma lyre attendrie,
Tes charmes souverains, ô petite patrie !

F. T.

AVANT-PROPOS

Pérouges, ancienne petite ville fortifiée, avec ses vieilles maisons, percées de meurtrières, ses fenêtres à meneaux, ses tourelles, son bastion à moitié démoli et ses remparts en ruines, attire aujourd'hui une foule considérable de touristes pour qui les débris des siècles passés sont des attraits puissants. Le cyclisme, l'automobilisme, la photographie amènent chaque jour dans son enceinte de nouveaux et nombreux visiteurs qui, tous désireux de connaître son histoire trop peu connue, accueilleraient certainement avec faveur la publication d'un ouvrage sur cette antique cité.

Nous essayons aujourd'hui de combler cette lacune en publiant cette histoire, presque aussi merveilleuse que l'aspect intérieur et extérieur de la vieille *Perogiæ*, *Perogiarum urbs imprenabilis.*

Qu'il nous soit permis, à l'appui de notre affirmation, et pour justifier cet essai historique, de publier l'extrait suivant d'une publication sportive dans un de ses récents numéros :

« .....Une visite à Pérouges s'impose ; il est nécessaire « de grimper sur le plateau de Pérouges. C'est le petit bourg « fortifié du moyen-âge, conservé à travers les siècles, quel- « que chose comme la ville des Baux, Villeneuve-lès-Avignon « et le fort Saint-Vincent, moins connu par de grands sou- « venirs et moins important ; mais quel charme de se pro- « mener dans ses petites rues silencieuses qui s'enroulent « très étroites autour de hautes maisons aux fenêtres à « croisillons.

« Des étages surplombants, des galeries extérieures et

« frémissantes coupent d'angles bizarres des trous d'ombre.
« Des plombs de vitraux se balancent à peine tenus aux « croisées, et des gens vieux, très vieux, glissent le long des « murailles, et leurs vieilles figures fripées et raccornies ont « la teinte des pierres.

« Et, en un coin merveilleux de silence et de paix, une « place que couvre d'ombre un très gros tilleul.

« Une visite à Pérouges est une joie rare à éprouver pour « ceux qui, curieux et rêveurs d'un passé poétique, voudront « y reposer leurs yeux de la platitude morne de nos cons- « tructions actuelles. »

Ces lignes, auxquelles nous avons conservé toute leur saveur, ont été écrites sans doute par la main d'un poète, qui a vu tout cela à travers un kaléidoscope par trop fantaisiste ; fort heureusement, il n'existe pas à Pérouges que des figures raccornies qui ont la teinte des pierres.

Cette réserve faite, nous reconnaissons que le tableau est brossé de main de maître ; il nous est un précieux encouragement pour entrer en matière.

Les principaux auteurs où nous avons puisé nos renseignements historiques sont les suivants :

A tout seigneur, tout honneur : Jules César, Guichenon, l'abbé Blanchon, Lateyssonnière, Dufay, Malte-Brun, Henri Martin, Révérend Du Mesnil, F. Chapel, etc.

NOTIONS PRÉLIMINAIRES

La commune de Pérouges, du canton de Meximieux, département de l'Ain, n'est qu'à 32 kilomètres de Lyon; le chemin de fer de Lyon à Genève traverse son territoire sur une étendue de cinq à six kilomètres; sa superficie est de 1904 hectares et sa population, d'après le dernier recensement, de 524 habitants. Il y a 60 ans, elle en comptait presque le double.

L'agglomération principale se trouve sur un mamelon isolé qui domine la vallée pittoresque de Longevent, où coule la petite rivière de ce nom, séparant la commune de Pérouges de celle de Meximieux.

Différents hameaux sont répartis sur son territoire; ce sont: 1° La Glaye, située au couchant sur le versant du plateau de la Dombes, à un kilomètre de distance; 2° Le Péage, dont le nom significatif évoque le souvenir de droit d'entrée ou de sortie; il est situé à 200 mètres au midi et au bas du mamelon de Pérouges; 3° Rapans, situé également au midi, à une distance de 2500 mètres; 4° La Valbonne, au sud-est, située dans la plaine de ce nom, à une distance de 5 kilomètres; une église, sous le vocable de Saint Martin, existait autrefois dans ce hameau.

Les communes qui la bornent sont: Meximieux, au nord-est; Charnoz, à l'est; Saint-Jean-de-Niost, St-Maurice-de-Gourdans, Béligneux, au midi; Bourg-St-Christophe et Faramans, à l'ouest, et Saint-Eloi, au nord.

La partie nord-ouest de la commune est très accidentée; plusieurs collines s'élèvent en gradins pour aboutir au plateau de la Dombes ; citons notamment : le mamelon de Pérouges, le mont Châtel, le mont Buiset et le mont Gibert, dont l'altitude est de 3o mètres supérieure à celle de la cité, dont il est éloigné de 3 kilomètres.

La direction de ces collines, coupées brusquement au nord-est par la vallée de Longevent, va se prolongeant au sud-ouest sur la commune de Bourg-Saint-Christophe.

Cette partie accidentée comprend des terrains argileux, marneux et calcaires ; quelques mamelons sont assis sur un rocher poreux qui a quelque analogie avec le tuf ; d'autres sont composés de sable et de graviers, couverts d'une mince couche de terre végétale.

Le sol en général est mêlé d'une grande quantité de cailloux roulés et forme, avec le sous-sol jusqu'à une profondeur considérable, depuis la période glaciaire, la *moraine terminale* de l'immense plateau de la Dombes de ce côté ; on y trouve en abondance du sable et d'excellent gravier pour les routes et de la bonne terre à pisé pour constructions.

Dans la plaine de La Valbonne, dont Pérouges possède une bonne partie, on observe le *lehm rouge*, qui n'est autre que de la poussière terreuse rougie par des oxydes de fer.

Des blocs erratiques existent dans nombre d'endroits de la commune et notamment dans la plaine ; tout indique que de grands courants d'eaux, venant de l'Ain ou du Rhône, ont passé par là aux époques préhistoriques.

Les bas-fonds sont très fertiles ; le sol produit en général toutes les récoltes afférentes au climat : blés, vins, foins, chanvres, légumes, etc., ainsi que diverses essences de bois, telles que chênes, peupliers, aulnes, frênes, ormeaux, acacias, etc.

Un seul cours d'eau arrose la commune, c'est le Longevent qui, coulant dans la vallée du nord-ouest au sud-est, tourne brusquement au sud, débouchant dans la plaine, puis va perdre ses eaux dans les bas-fonds de La Valbonne, territoire de Pérouges.

Trois sources principales ou fontaines jaillissent du sol ; ce sont : 1° La Fontaine de Putarey, située au nord-est à mi-côte du mamelon de Pérouges ; 2° la fontaine de Rémilleux près du hameau de Péage où est établi un lavoir ; 3° celle de Buiset qui servait autrefois à l'alimentation de quelques maisons du hameau de la Glaye.

Plusieurs puits existent sur le mamelon de Pérouges ; ils sont tous de date récente à l'exception de celui de la cure ou de la Tour qui est très ancien : le puits de la place Dufour a été creusé il y a 50 ans environ par les habitants du quartier ; il est profond de 34 mètres dont 10 mètres de roche.

Un puits creusé au Péage, le puits Bouvier, il y a une quinzaine d'années, a amené au jour une quantité considérable de bois enfoui depuis des siècles innombrables, espèce de lignite qui brûlait très bien mais répandait une odeur plus forte que celle de la tourbe et de la houille.

Les vignes où ce puits a été creusé portent le nom des *Chevalières*, nom significatif qui rappelle sans doute un combat de chevalerie.

Peut-être faut-il attribuer, en raison contraire, une signification de traité de paix à une partie de territoire située au nord de la ville, qu'on appelle les champs de l'Olivet ; ce terme peut bien venir par corruption du mot olivier ; l'arbre de ce nom n'ayant jamais existé sous notre latitude a toujours été choisi comme un pacifique symbole ; ces champs de l'olivet ou de l'Olivier, sont situés presque à proximité du lieu où s'élevait la vieille et haute tour romaine.

C'était là sans doute le lieu le mieux choisi pour aboutir à une solution pacifique.

Nous complétons ces notions préliminaires par quelques remarques sur le patois du pays, qui, croyons-nous, peuvent intéresser les amateurs de linguistique.

Le patois de Pérouges, tout en renfermant beaucoup de locutions latines ou italiennes se distingue notamment, comme le patois de Bourg-en-Bresse du reste, par la prononciation de *ch*, *je* et *ge* en se mordant légèrement la langue comme pour les *th* anglais ; le mot vache par exemple écrit *vathe* serait parfaitement prononcé par un anglais dans le patois de Pérouges et de la région.

Le *ge* ou *je* se distingue par une nuance du *ch* en imitant un peu le sifflement du z ; le verbe *manger* par exemple devrait être écrit *methié* en appuyant sur l'i et en faisant l'e muet. Ajoutons que le mot *non* est exactement en patois le même mot en anglais : *no*.

La coïncidence de ces deux dialectes est bizarre ; elle mérite d'être signalée à nouveau, car elle l'a déjà été à diverses reprises ; nous laissons à d'autres le soin d'établir si ce sont nos ancêtres qui ont introduit cette prononciation en Angleterre, ou si c'est l'Angleterre qui est venue l'importer dans quelques contrées seulement du département de l'Ain.

Une autre singularité de ce patois est la possession d'une voyelle intermédiaire entre l'*a* et l'*o* et qui tient des deux ; elle sert à la prononciation de beaucoup de mots tels que : plâtre, brave, etc.

Une syllabe qui n'est ni le *in* ni le *an*, mais qui tient le milieu comme dans la dernière syllabe du mot *examen*, est aussi très en usage : citons ce mot *dense* qui signifie *comme ça* ; l'impératif *commence* dont la dernière syllabe se prononce comme en italien c'est-à-dire : *che*.

Les *gl* se mouillent comme en italien et se prononcent

comme deux *ll* précédées d'un *i* ; aussi le nom du hameau de La-Glaye se prononce La-Lia.

Comme locutions latines citons : *Olla* marmite, dont l'*a* doit être muet et *Corti*, jardin.

Dans plusieurs mots l'*a*, l'*e* et même l'*o* et l'*u* sont muets à la fin des mots, il en est de même des syllabes, ainsi pour dire : *nous arrivons*, le patois dit : *neus arrevons* en appuyant sur la syllabe *re* et en adoucissant la dernière *vons* comme pour un *e* muet.

Ce qui caractérisait le vieux patois de Pérouges de celui des localités environnantes et qui tend de plus en plus à disparaître c'est la prononciation des lettres *ar* comme *er*. En a-t-on assez débité à nos pères à propos de cette prononciation qui faisait dire *liquerne* pour *lucarne*, comme du reste prononçaient les vieux canuts de la Croix-Rousse.

Nous nous souvenons de cette rengaine qu'on nous adressait étant jeune, sur un ton de mélopée antique : *Peroger, va chu leu baleverd, vâ passo leu soders qué fant répetéplé.* Pérougeard, va sur le boulevard, voir passer les soldats qui battent du tambour.

La lettre *r* non finale dans un mot se prononce très douce, comme par une bouche enfantine.

Avec l'instruction qui se généralise de plus en plus, nos patois tendent à se franciser d'abord, puis à disparaître ; il est bon de signaler ce qu'ils ont de distinctif avant qu'ils aient disparu entièrement.

Citons quelques mots curieux ; nous avons déjà cité le négatif *no*, l'affirmatif *oui* se change en *oua* comme l'aboiement d'un chien ; *vore* et *dézandé* deux synonymes qui signifient *tout de suite* ; *étoyé*, enfermer ; *étrémo*, fermer et avoir bien soin, etc.

Citons encore ce mot *Viregolia* qui signifie donner un grand coup à quelqu'un et le renverser par terre ; ce terme doit avoir pour origine; l'exploit du berger David qui renversa le géant Goliath d'un coup de caillou lancé à l'aide d'une fronde.

Un autre mot en usage est celui de *Rocliore* qui se dit d'un petit homme méchant et contrefait ; il doit venir de Roquelaure le fou de François Ier ; ce roi fit la conquête de la Bresse et régna par conséquent sur Pérouges.

Ce n'est pas la seule trace que l'occupation française, sous François Ier et Henri II, ait laissé dans nos pays ; les actions de Gargantua y étaient populaires et légendaires ; elles y ont même été considérablement amplifiés ; nos vieilles grand'mères nous en racontaient de bien bonnes là-dessus et surtout de bien gauloises.

Terminons ces notions en citant quelques usages séculaires qui tombent en désuétude :

Le dimanche des Brandons, comme dans toute la région, des feux sont allumés sur les hauteurs dans tous les hameaux ; autrefois, un grand feu était allumé sur la promenade des Terreaux où filles et garçons dansaient toute la soirée aux sons d'un orchestre rustique.

Le mercredi des cendres, les jeunes gens faisaient les *Mâgniens*, c'est-à-dire les étameurs, rangeurs de marmites, de casseroles, de parapluies, etc. ; le soir, ils faisaient des matefaims sur la place ; cet usage était particulier à Pérouges.

A l'occasion de la fête patronale de la Saint-Georges ou plutôt de la *Vogue*, selon l'expression populaire, chaque maison, entre autres pâtisseries, fait ce que l'on appelle : *La Gruïzelle*, espèce de barquette cuite au four, en souvenir du pain du siège qui, d'après la tradition, le bois ayant manqué, était cuit ou plutôt séché et durci au soleil.

Cette pâtisserie assez recherchée ne se fait qu'à Pérouges.

Cliché A. Hudelet

PÉROUGES

Porte de la première enceinte

CHAPITRE PREMIER.

Son origine

Comme un rocher bravant l'orage et le tonnerre
Voyez sur la hauteur ces remparts et ces tours ;
Les Gaulois de Pérouse ont tracé leurs contours.

Pérouges est très ancien, son origine se perd dans la nuit des temps.

Nous sommes obligés, croyons-nous, pour faire œuvre utile, intéressante et pourtant sérieuse d'avoir recours à la légende et à la tradition, qui, certes laissent à désirer comme certitude, mais sur lesquelles cependant on peut fonder certains degrés de probabilité.

Nous ne ferons pas comme certains étymologistes, qui font dériver Pérouges autrefois Pérogo de deux radicaux empruntés à la langue des Celtes : Per, qui veut dire élévation, et *Rog*, ruisseau, torrent ; ou *Rubia* mot latin dans lequel l'élément *Rub* ou *Roib* qui dérive du sanscrit *Ri*, couler, qui se répand avec abondance, signifie que c'est là où le sang a coulé avec le plus d'abondance, un jour de grande bataille.

Une autre opinion ferait dériver Pérouges de *petruvia*, voie empierrée, soit qu'on suppose le passage d'une voie romaine sur son territoire, soit à cause des rues et des chemins pavés autrefois de gros cailloux.

Nous donnons ces étymologies pour ce qu'elles valent, c'est-à-dire pour des hypothèses sans conséquence, attendu qu'en torturant les noms on leur fait dire ce qu'on veut ; nous préférons nous ranger à l'opinion de M. Blanchon, ancien curé de Mollon, qui fait remonter l'origine de Pérouges à une colonie italienne venant de Pérouse et fuyant le joug de Rome envahissante.

Cette opinion appuyée sur la tradition est confirmée en partie par certains documents historiques ; nous citons les notes manuscrites de M. Blanchon qui nous paraissent péremptoires :

« Au moment de l'entrée de César dans les Gaules, le département de l'Ain était habité par les Eduens, les Séquanais, les Helvêtes, les Allobroges, les Ségusiens et les Ambarres ; le territoire de Meximieux et de Pérouges aurait fait partie du pays des Ambarres.

« Lorsque les bataillons de l'Ain firent en 1796, sous le général Bonaparte, la première campagne d'Italie, les Bressans furent étonnés en voyant leur patois très bien compris des paysans des environs de Milan. Le langage et l'accent des habitants de la vallée du Pô, au dire du comte Verdi, les font considérer par les autres italiens plutôt comme Français que comme Italiens. Ces faits confirment l'opinion de ceux qui pensent que les Gaulois qui vinrent s'établir au nord de l'Italie, sous la conduite de Bellovèse, plusieurs siècles avant notre ère étaient originaires des pays voisins du confluent du Rhône et de la Saône. »

« Au temps de Tarquin l'ancien, 600 ans avant J.-C., le Celte Bellovèse, à la tête de 150,000 guerriers traversa les Alpes. Ces Gaulois s'établirent dans les plaines arrosées par le Pô, où ils fondèrent les villes de Milan et de Brescia, Anquetil dans son histoire de France, cite les Ambarres parmi ces guerriers conquérants. »

« Après l'expédition de Brennus, beaucoup de Gaulois s'établirent encore au nord de l'Italie (390 avant J.-C.)

Parmi les Gaulois qui, après la bataille de Télamon, voulant conserver leur indépendance, revinrent dans le pays Celte, il y eut un grand nombre de descendants des Ambarres vainqueurs de Rome.

« Plusieurs d'entre eux habitaient la ville de Pérouse (Perugia ou Pérougia) plus ancienne que Rome et l'une des douze cités de la confédération étrusque. Je crois qu'alors Pérouges appelé par corruption dans les anciennes chartes Perogia fut bâti par ces Ambarres revenus au pays des ancêtres. »

« Pérouges rappelle, dans le plan de sa construction, la ville italienne ; ces deux villes sont bâties circulairement sur le sommet d'une colline. »

« En l'an 218 avant J. C., le territoire où est la gendarmerie de Meximieux, les deux grandes prairies de Rossare et de la Calle, les terres situées au pied du mont Châtel et du tertre de Saint-Georges étaient un vaste lac, formé par le Longevent, qui rappelait aux réfugiés le lac de Trasimène. »

« Si ma conjecture est vraie, la ville de Pérouges serait l'une des plus anciennes de notre département ; elle aurait été fondée deux siècles avant la ville de Lyon. »

« Il est à présumer que pareillement plusieurs Ambarres revenus de Pérouse, se sont fixées à La Peyrouse en Dombes. »

« Dans le Moyen-Age et même dans le XVIIIe siècle, dit autre part le même savant, il existait peu de sympathie entre les habitants de Pérouges et ceux des localités voisines. Dans la prononciation de leurs patois, les Pérougiards ont un accent italien assez marqué, un esprit d'indépendance, voire même de républicanisme rappelant l'énergie des Ambarres revenus d'Italie. »

L'écrivain que nous citons est né à Meximieux ; tout en rendant justice à son érudition, il ne nous paraît pas impartial ; jamais les Pérougiens ou Pérougiards comme il les appelle ne se sont montrés antipathiques aux localités voisines.

Si avec ceux de Meximieux seulement il a existé une espèce d'antagonisme séculaire, qui heureusement n'existe plus aujourd'hui, M. Blanchon savait mieux que point d'autres, que cet antagonisme ne provenait que des luttes du Moyen-Age suscitées par l'archevêque de Lyon contre la cité de Péroge, luttes dont ce curé s'est bien gardé de parler. Mais nous, qui ne sommes pas tenus à ce silence intéressé, nous en parlerons en temps et lieu.

Pour compléter le récit précédent, ajoutons que les fondateurs de Pérouges, en arrivant ici, trouvèrent ce mamelon à leur convenance ; ils y bâtirent des maisons à la manière étrusque et les entourèrent de fossés et de remparts ; ils avaient apporté avec eux l'industrie de la fabrication de la toile qui s'y est maintenue jusqu'à nos jours, et qui continue de fleurir à Pérouse en Italie.

A l'appui de cette hypothèse nous devons signaler que les remparts qui s'écroulèrent de vétusté en 1789, au nord de la ville étaient ceux de ses fondateurs ; ils étaient certainement beaucoup plus vieux que la grande tour voisine, qui, d'après Guichenon, était de construction romaine.

Dans le courant du Moyen-Age, la ville a été presque toute reconstruite, ses maisons ne tenant plus debout. S'il ne reste que peu de chose aujourd'hui des constructions étrusques, il en reste un cachet tout particulier dans l'aspect de ses rues tortueuses et de ses escaliers extérieurs qui tous ont été reconstruits avec de vieux matériaux portant la trace de travail antérieur et primitif.

CHAPITRE II

Sous les Romains.

. . . .

Et l'aigle des Romains y construisit son aire.

Les descendants des fondateurs de la ville, qui croyaient échapper au joug de Rome pour toujours, furent deux siècles plus tard, envahis par les Romains, mais il est à croire qu'ils les accueillirent comme des libérateurs, car effectivement, ils les délivrèrent de l'invasion des Helvètes qui, au nombre de 92,000 combattants avaient envahi la région et traversé l'Ain sur trois points : Château-Gaillard, Chazey et Charnoz, en 58 avant J.-C.

Jules César, revenu d'Italie avec deux légions, traverse le Rhône près de Montluel, puis rejoint son lieutenant Labienus qui suivait les Helvètes sans les attaquer depuis Genève et va établir son camp en face des Helvètes près de la Saône ; les Helvètes furent battus et condamnés à retourner dans leur pays, la Suisse actuelle.

Vers l'an 52 avant J.-C., le territoire de Pérouges et des communes environnantes aurait été le théâtre de la grande bataille qui a précédé le siège d'Alésia entre Vercingétorix et César ; mais cédons la parole à M. Blanchon.

« Les Arvernes et avec eux toute la Gaule celtique se révoltèrent et prirent les armes. D'après les ordres de Vercingétorix généralissime de l'insurrection gauloise, les Eduens redevenus ennemis des Romains, et les Ségusiens fournirent dix mille hommes de pieds, les Séquanes restèrent fidèles aux Romains. Il est probable que les Ambarres et les Allobroges ne prirent point de part à l'insurrection par reconnaissance pour César qui les avaient délivrés des Helvètes.

« L'armée gauloise comptait 300.000 guerriers : César deux fois battu en Auvergne bat en retraite et se dirige du côté de la Séquanie (Bugey) par Mâcon. Il voulait gagner le Rhône et atteindre la province romaine de l'Allobrogie (Le Dauphiné) en traversant le département de l'Ain dont les trois quarts de la population lui étaient restés fidèles. »

« Vercingétorix atteignit César dans un lieu qui n'est pas nommé par les historiens. Là, s'engagea une bataille sanglante ; elle dura douze heures. La victoire penchait du côté des Gaulois, lorsqu'un mouvement rapide exécuté par la cavalerie des Romains fit changer la face des affaires. »

« La panique se mit parmi les Gaulois ; l'audace et l'intrépidité de Vercingétorix ne purent rien contre l'épouvante générale. »

« Dans cette mémorable journée, César fut obligé de se défendre corps à corps contre plusieurs chefs gaulois qui s'élançaient sur lui. Il perdit son épée qui lui fut arrachée des mains et que les Arvernes suspendirent dans leur temple. »

« Servius, commentateur de Virgile, dit que César racontait dans son journal, qu'il avait été pris dans la mêlée ; qu'un soldat ennemi l'emportait sur son cheval, lorsqu'un officier gaulois l'ayant aperçu s'écria : Captivus es, César ! et que l'ambiguité de ce mot qui en langue celtique signifie : Relâche-le, fut son salut. »

Nous ne suivrons pas plus loin notre chroniqueur qui nous conduit ensuite au siège d'Alésia ; nous allons donner les raisons à l'appui qui font croire que cette grande bataille s'est donnée effectivement sur les territoires de Meximieux, Pérouges, Charnoz et peut-être jusque sur Belligneux (Belli Locus), lieu de bataille.

César qui voulait traverser le Rhône pour se rendre dans la province romaine trouva sa route coupée en arrivant au versant de nos collines ; Vercingétorix occupait la plaine de La Valbonne avec ses trois cent mille guerriers. Laissons parler César dans ses commentaires :

« Vercingétorix divisa ses forces en trois corps, vint camper à dix mille de Romains et rassemblant ses généraux de cavalerie, il leur annonça que le moment de la victoire était arrivé.

« Nos ennemis, dit-il, abandonnent la Gaule et se réfugient dans leur province : cette retraite nous assure, « il est vrai, la liberté ; mais cette liberté ne sera que « momentanée ; la paix, le repos dont nous jouirons se« ront-ils de longue durée ? Non, les Romains revien« dront bientôt avec de plus grandes forces ; ils nous li« vreront des guerres interminables. Je pense qu'il faut « les attaquer dans leur marche et profiter de leur em« barras. Si leurs fantassins portent du secours à leur « cavalerie et s'obstinent à nous résister, ils seront dans « l'impossibilité d'effectuer leur retraite. Si, pour s'é« chapper, ils abandonnent leurs bagages, évènement « plus probable, ils perdront et l'honneur, et tous les ob« jets qui sont pour eux d'une indispensable nécessité. « J'ose affirmer, et certes vous partagez mon sentiment, « qu'aucun de leurs cavaliers n'aura la hardiesse de com-

« battre hors des rangs. Pour animer nos soldats, je vais « déployer l'armée entière devant le camp. »

Ce discours excita de vives acclamations ; les cavaliers gaulois demandèrent que chacun d'eux fit le serment redoutable de ne pas revoir ses foyers, ses enfants, son épouse et sa famille qu'après avoir deux fois traversé l'armée des ennemis. »

Ainsi donc, d'après César et le discours de Vercingétorix, les Romains se réfugiaient dans leur province et ils étaient sur le point d'y arriver ; cette bataille n'a pu avoir lieu que dans la plaine de La Valbonne.

A l'extrémité de cette plaine sur les bords de l'Ain et sur le territoire de Charnoz, il existe un lieu dénommé : *Jurons*. Ce lieu est entouré de hauteurs circulaires qui ont pu servir à dissimuler la présence de l'armée gauloise et c'est peut-être là que les cavaliers *jurèrent* de traverser deux fois les rangs ennemis.

Mais reprenons le récit de César :

« Vercingétorix distribua sa cavalerie en trois corps : deux se montrèrent sur les flancs ; les troupes du troisième composant l'avant-garde, s'opposèrent à notre marche. César partagea également sa cavalerie en trois corps et la dirigea contre les ennemis. L'action s'engagea de toutes parts. Nos fantassins s'arrêtèrent et l'on plaça les bagages au milieu des légions. Si la cavalerie romaine reculait devant ses nombreux adversaires, César envoyait aussitôt son infanterie pour la soutenir et rétablir le combat ; précaution qui ralentit l'ardeur des Gaulois et ranima les Romains, sûrs d'être secourus. Enfin, les Germains, auxiliaires de César, s'emparèrent d'une colline située à leur gauche, chassèrent les ennemis de ce poste, en massacrèrent un grand nombre et poursuivirent le reste jusqu'à la rivière où Vercingétorix avait disposé son infanterie. »

« Les autres intimidés par cette déroute et craignant d'être enveloppés, se dérobèrent à la mort par une prompte fuite ; le carnage devint général. »

Nous avons tenu à reproduire exactement le texte des commentaires et à souligner la partie qui nous intéresse ; on ne peut s'y tromper les lieux décrits par César s'appliquent on ne peut mieux à notre plaine ; la colline dont les cavaliers germains s'emparèrent à gauche de l'armée romaine, c'est le mont Champigneux du latin *Campi-Locus* ; la rivière dont il est question et sur les bords de laquelle l'infanterie gauloise était placée, c'est évidemment la rivière d'Ain ; la partie de la plaine qui s'étend du mont Champigneux au territoire de Charnoz s'appelle *Les Campones* (terres du camp) ; un chemin de la plaine porte le nom de *Lèpe* parce que, d'après une très ancienne tradition, César y avait perdu son épée ; enfin, un hameau de Meximieux s'appelle Saint-Julien, parce que les Romains y aurait fait placer la statue de Jules César couronné par la victoire à l'endroit où le cavalier gaulois qui l'emmenait prisonnier l'aurait relâché.

Par abréviation on aurait appelé cette statue Julius, puis Julien et le Moyen-Age en aurait fait un saint, d'où le nom de Saint-Julien que porte ce hameau.

Sur la façade de l'église de Pérouges et encastrée dans un angle peu saillant existe une tête mutilée qui d'après la tradition serait un fragment d'une statue de César. Serait-ce là un débris de la statue qui s'élevait autrefois à Saint-Julien ? La chose est possible.

Le nom significatif de Charnoz (charnier) indiquerait le lieu principal du massacre des Gaulois et les tombeaux romains qui sont signalés sur la carte des antiquités du département de l'Ain sont situés à divers endroits de la plaine, commune de Pérouges et non loin du château de la Rouge dont le nom pourrait bien venir du sang répandu sur son sol.

A différentes époques, et tout récemment encore à Combat-Durand, on a découvert des ossements et des armes dans cette plaine aride, qui fut pourtant nommée la bonne vallée (*Vallis bonæ*) par les Romains en souvenir de leur victoire. Un autre endroit de la plaine s'appelle bataille des Romains.

On voit quelles excellentes raisons démontrent la vérité de notre assertiou ; mais, nous dira-t-on, si cette grande bataille s'est donnée dans cette plaine, où se trouve donc l'oppidum gaulois d'Alésia où Vercingétorix s'est réfugié et où il est arrivé deux jours après ? Evidemment cet oppidum ne peut être sur le mont Auxois.

Mais reprenons les Commentaires :

« Vercingétorix après la déroute complète de sa cavalerie, partit pour Alise, ville des Mandubiens, avec les troupes qu'il avait rangées devant son camp. Les équipages de l'armée le suivirent immédiatement. César plaça les siens sur une colline du voisinage, laissa deux légions pour les garder, poursuivit l'ennemi jusqu'au soir, tailla en pièces environ 3,000 hommes de l'arrière-garde et vint camper le lendemain sous les murs d'Alise. »

Suivant le thème que nous avons adopté, Alise ou Alésia ne serait autre que Izernore dans l'Ain.

César aurait laissé ses bagages sur le mont Champigneux et poursuivant Vercingétorix lui aurait taillé en pièces son arrière-garde à Cormoz, commune de Château-Gaillard après avoir franchi l'Ain, puis serait arrivé le lendemain sous les murs d'Alésia où Vercingétorix serait arrivé la veille. Alésia ou Izernore ne sont en effet qu'à deux jours de marche de La Valbonne.

Nous avons sous les yeux une brochure publiée en 1892 par M. F. Chapel, chef d'escadron d'artillerie, dans laquelle sont exposées les raisons les plus probantes plaçant l'emplacement d'Alésia à Izernore, Des fouilles faites dans cette ville ont amené la découverte d'un temple romain, des ossements humains en abondance, des médailles gauloises, des armes et des inscriptions guerrières ; une de ces inscriptions porte : A Alexia, l'armée romaine, dans la joie de sa victoire sur le roi des Gaules a érigé ce monument en l'honneur de son général. Nous renvoyons nos lecteurs à ce très intéressant opuscule édité à Nantua à l'imprimerie Auguste Arène.

L'auteur de cette brochure croit que c'est dans le Jura, à Conliège, près de Lons-le-Saunier, que César a dû rencontrer l'armée gauloise, avant d'arriver à Alésia, mais il n'en donne pas d'aussi bonnes raisons que celles qui militent en faveur de la plaine de La Valbonne.

La chute d'Alésia établit définitivement la domination romaine dans les Gaules.

Agrippa, gouverneur des Gaules sous l'empereur Auguste, fit exécuter quatre grandes voies romaines qui par divers embranchements, traversaient toutes les Gaules. Le point central était Lugdunum : l'une d'elles, partant de la côte Saint-Sébastien, suivait la rive droite du Rhône, jusqu'à Miribel et Montluel. Là, elle se bifurquait ; une branche se dirigeait sur Villars ; l'autre se fourchait en deux, dit Guichenon, une branche passait par Belligneux, Pérouges, Meximieux, Chalamont, etc. ; l'autre, se dirigeait sur les hameaux de Châne et de La

Valbonne, puis passant à l'est du mont Champigneux, elle se bifurquait encore, une route traversait l'Ain, se dirigeant sur Genève par Lagnieu, l'autre passant par Villieu se dirigeait sur la Cotière de l'Ain.

Il est probable que c'est sur l'ordre de ce même gouverneur des Gaules que fut construite la grande tour de Pérouges, et qu'un des tronçons de voie romaine plus haut mentionné devait arriver à proximité de cette tour, qui, comme celles de Quirieu, de Montluel et autres servaient à transmettre des signaux, annonçant les nouvelles des armées en campagne, ou signalant l'approche des Barbares, marchant à l'improviste contre la grande cité de Lugdunum.

Cette tour avait 150 pieds de hauteur du côté du nord et 140 seulement du côté de la ville, son diamètre extérieur était de 37 pieds, on y accédait par une porte située à 10 pieds de hauteur du côté de la ville; un escalier intérieur conduisait au sommet qui était terminé par une tourelle dans son centre, espèce de lanterne où se transmettaient les signaux.

Un publiciste, M. Révérend du Mesnil, qui a écrit l'histoire de la Valbonne (Lyon 1876), place dans la plaine de ce nom, l'un des principaux combats de la lutte gigantesque qui eût lieu, l'an 197 de notre ère, entre Septime-Sévère et Albin.

Ce dernier qui se noya dans le Rhône, après la bataille perdue par lui, indique suffisamment que cette bataille s'est donnée non loin dn Rhône et non près de Trévoux comme le disent quelques historiens.

Notre opinion est que cette bataille de même que celle entre Vercingétorix et César, s'est donnée dans la plaine de La Valbonne.

C'est sous la domination romaine et avant l'établissement du Christianisme qu'il faut faire remonter le temple de Thésée qui aurait été construit sur le tertre de Saint-Georges ; les Romains en apportant leur civilisation avaient apporté en même temps le culte païen de Rome et d'Athènes, « L'idolâtrie, dit Henri Martin, entra dans la Gaule qui n'avait adoré jusque là que les puissances invisibles. »

Voici ce qu'écrit à ce sujet, M. Bleton, publiciste lyonnais (*Almanach du L.-R.*, 1895) : « Il est à présumer qu'un sanctuaire dédié à Saint-Georges a remplacé à une époque très ancienne, un temple de Thésée, le tueur de monstres ; cette substitution est de règle à peu près générale. Quant au dragon qui figure dans les armes de Pérouges, il perpétue quelque tradition de reptile monstrueux dont le pays fut délivré ou plus simplement de marais desséchés. »

Les marais dont il est fait allusion dans les lignes qui précèdent ont existé effectivement au bas du tertre de Saint-Georges, de la colline du mont Châtel et dans la partie basse de Meximieux, comprenant les prairies ; il est probable que l'assainissement s'est fait sous la domination romaine qui a dû faire creuser des canaux pour mener les eaux du Longevent jusqu'au milieu de la plaine de La Valbonne, où elles se perdent encore aujourd'hui.

Ce doit être également sous la domination romaine que fut fondée la ville de Meximieux, si près voisine de Pérouges, par un romain dont le nom de Maximus s'est conservé presque intact dans le patois de toute la contrée.

Pérouges subit, comme toute la région, les vicissitudes que traversa le monde romain dans sa décadence, mais comme partout ailleurs, Rome y avait laissé l'empreinte de son génie et de son prestige.

CHAPITRE III

Sous les Barbares.

Les fossés et les tours en défendaient l'entrée.

Dans la première moitié du ve siècle, les Burgondes du nom desquels vient le nom de Bourguignons s'établissaient non seulement dans la Bourgogne actuelle mais encore en Suisse, en Savoie et en Dauphiné ; le département de l'Ain tout entier était en leur possession ; l'empire romain finit par traiter avec eux et les confirmer dans leur possession.

« Les anciens habitants de ces provinces furent obligés « de céder les deux tiers de leurs terres et le tiers de « leurs esclaves aux nouveaux venus. »

« Mais comme les terres étaient presque toutes dans les « mains des grands propriétaires, il n'y eut guère qu'eux « qui souffrirent de ce changement et regrettèrent l'em- « pire romain : les pauvres gens et même les citoyens qui « remplissaient les fonctions municipales gagnèrent au « change; car les impôts et les fonctionnaires impériaux « s'en allèrent avec l'empire. Les Barbares n'avaient pas « d'administration fiscale ; leurs rois vécurent du revenu « des grands domaines impériaux qu'ils s'étaient attribués « et les particuliers du revenu des terres qu'on leur

« avait cédées ; avec les Barbares on avait à subir des « accès capricieux de violence et de rapacité ; avec les « fonctionnaires impériaux on endurait une tyrannie de « tous les jours et de toutes les heures. Maitre pour « maître le peuple aimait encore mieux les Barbares. »

« Les Burgondes étaient les plus doux entre les Ger- « mains et les moins redoutables aux anciens habitants ; « ils ne méprisaient pas comme les autres Germains le « travail ni les métiers, et ne croyaient pas que l'homme « libre ne dût que se battre et chasser. »

Pérouges et toute la région respira plus librement sous ce premier royaume des Burgondes qui dura jusqu'à l'an 534, année où il fut conquis par les Francs ; saluons en passant cette année 534 qui est celle où pour la première fois nous sommes devenus français ; il s'écoulera encore plus de mille ans avant que notre nationalité devienne définitive.

« Les Burgondes n'évacuèrent pas le pays, il n'y avait « pas de haine entre eux et leurs vainqueurs ; ils restè- « rent sur leurs terres comme vassaux des Francs ; sou- « mis au service militaire et au tribut, ils conservèrent « leurs lois propres dans leurs rapports entre eux. »

« Les sujets gaulois des Burgondes perdirent au chan- « gement de maîtres, car la loi Burgonde admettait l'éga- « lité entre Germains, Gaulois ou Romains, ce que ne « faisait pas la loi des Francs. »

Lors de l'invasion sarrasine, qui vers l'an 725, remontant le Rhône, se jeta sur la Burgondie, jusqu'à Autun et même jusqu'aux Vosges, nous ne croyons pas que Pérouges eût à subir le joug des Mulsulmans, sa position fortifiée lui permit sans doute de laisser couler leur flot sans ouvrir ses portes ; elle était à cette époque sous la domination d'évêques ou de comtes qui étaient presque indépendants du royaume des Mérovingiens alors dans sa décadence.

Mais si Pérouges n'a gardé nulle trace de l'invasion sarrasine, il n'en est pas de même de ses environs où des noms arabes se sont perpétués ; citons le chemin de Bargolan qui contourne le mont Châtel.

Après l'extermination des arabes à Poitiers, en 732 par Charles Martel, ce grand capitaine vint soumettre les comtes et évêques rebelles de la Burgondie.

Le royaume des Burgondes se reconstitua en l'an 879, où une réunion d'évêques et de seigneurs décerna, sur l'avis de l'archevêque de Lyon, Aurélien, le titre de roi à Bozon, comte de Lyon, de Genève et de Provence. Ce royaume comprenait depuis les états des anciens Burgondes jusqu'à la Méditerrannée.

Après la mort de Bozon en 888, un nouveau royaume s'était assis pour ainsi dire sur le mont Jura et en comprenait les deux versants, l'ancienne Séquanie qui fut plus tard appelée la Franche-Comté de Bourgogne. Ce nouveau royaume possédait aussi la Savoie et Lyon, et par conséquent la ville qui nous occupe.

« Les Hongrois, peuple touranien, venus de par delà « les monts Ourals ravageaient alors l'Europe orientale. « Le roi d'Italie qui portait alors le vain titre d'empe- « reur, battu par le roi de Bourgogne appela les Hongrois « à son aide. Les Hongrois mirent à feu et à sang la « haute Italie, franchirent les Alpes, puis le Rhône, et « désolèrent horriblement les pays qui se trouvèrent sur « leur passage (924). »

Ils furent exterminés par les rois de Bourgogne et de Provence réunis ; après la destruction des Hongrois, le roi de Provence céda son royaume au roi de Bourgogne en échange de la couronne d'Italie et les royaumes de Bourgogne et de Provence furent de nouveau réunis en un seul (930.)

Mais cette réunion ne fut pas de longue durée, sous les derniers rois carolingiens, la Bourgogne n'avait plus de roi que le nom : « Ses vassaux avaient usurpé tous « les domaines de la couronne et les rois qui n'avaient « plus aucune autorité, étaient si pauvres, qu'ils ne vi- « vaient qu'en s'appropriant le revenu des évêchés et des « abbayes vacants, durant l'année du décès des titulaires. »

Le royaume de Bourgogne n'était plus qu'une ombre, mais déjà des seigneuries très vivaces et très florissantes s'étaient formées de toutes parts ; c'étaient le comté de Savoie fondée par la famille de laquelle descend le roi actuel d'Italie ; c'était la Franche-Comté, comté libre de Bourgogne, et le comté de Viennois appelé un peu plus tard Dauphiné, parce qu'un des comtes mit un dauphin dans ses armoiries ; c'était enfin le comté de Provence. »

Ajoutons que c'était aussi le fief qu'un seigneur d'Anthon, réunissant autour de lui une bande d'hommes d'armes prêts à devenir ses tenanciers, taillait autour de lui un lambeau de territoire dont Pérouges faisait partie, ne s'inquiétant de l'autorité nominale du royaume que le jour où il en obtenait une facile investiture (960).

Mais nous touchons à l'époque où l'histoire de Pérouges se précise davantage et repose sur des données de plus en plus certaines.

CHAPITRE IV

Au Moyen-Age.

Le combat acharné grandissait son courage

Au dixième siècle, les comtes de Forez sous l'autorité desquels était Péroge, accordèrent aux religieux de l'abbaye de Cluny, alors très puissante, le droit de percevoir les dîmes de tout le mandement de la paroisse. L'abbé de Cluny y envoya plusieurs religieux, qui sous la direction d'un prieur, devaient y faire les fonctions curiales.

L'église paroissiale de Saint-Georges, qui, comme nous l'avons dit précédemment, avait dû remplacer un temple de Thésée à la chute du paganisme était située à un kilomètre de la ville ; en raison de cet éloignement, on bâtit dans l'enceinte de la ville un prieuré et une chapelle dédiée à Saint-Pierre.

C'est sans doute à cette époque lointaine que fût bâtie une chapelle dédiée à Notre-Dame-de-Grâces, non loin de la fontaine druidique de Rémillieux qui jouissait toujours de l'influence d'attirer les foules.

Le Christianisme s'est bien gardé de détruire les anciennes croyances ; seulement il les a modifiées à son profit en vertu de cet axiome : on ne démolit que ce que l'on remplace.

Le duc de Bourgogne (car en ces temps d'anarchie féodale, la Bourgogne avait un duc et un roi) à l'exemple des autres vassaux s'était peu à peu déclaré indépendant; il se démit de ses droits sur Lyon et sur une partie du Lyonnais en faveur de son fils Burchard, archevêque de Lyon (956); c'est l'origine du droit de souveraineté que les archevêques ont exercé sur cette ville et sur toute la contrée.

« Plus tard, le roi Rodolphe III, de Bourgogne, prince « faible et incapable, voyant son autorité lui échapper et « passer aux mains des évêques et des comtes se mit « sous la protection de Conrad-le-Salique, empereur d'Al- « lemagne et l'institua son héritier; il mourut le 6 dé- « cembre 1032 (Henri Martin). »

C'est ainsi que nombre de nos contrées devinrent terres d'empire; Pérouges continua d'être fief du seigneur d'Anthon, sous la suzeraineté du comte de Forez.

Vers l'an 1070, l'un des successeurs de l'archevêque Burchard, Humbert Ier, fit bâtir le château de Meximieux sur la hauteur qui domine la ville de ce nom, et au débouché de la vallée du Longevent, dont Pérouges occupait les abords opposés.

Mais on était arrivé à l'époque des croisades; la châtellenie de Pérouges envoya tout son contingent d'hommes disponibles à l'occasion de la première de ces expéditions lointaines.

Guichard d'Anthon et de Péroge avec ses hommes d'armes, faisaient partie du 11e bataillon de l'armée chrétienne sous la conduite de Girard de Rossillon; les armoiries qu'il choisit à l'occasion de la croisade, et qui sont devenues celles de Pérouges étaient : *De gueules au Dragon d'or*.

Il est possible que ces expéditions aient produit quelques résultats heureux, mais nous ne savons pas s'ils peuvent compenser le mal qu'elles firent dans nos campagnes. « Les bourgs et les châteaux demeurent déserts, c'est à peine si dans nos pays, il restait un homme pour sept femmes », dit un écrivain ecclésiastique. Il en revint sans doute un petit nombre, mais presque tous étaient atteints de la lèpre, maladie affreuse, qui se propagea avec rapidité, et qui fut un des plus grands fléaux du Moyen-Age.

Vers l'an 1100, le comte de Forez pour contrebalancer la puissance des archevêques de Lyon qui possédaient Meximieux, confirma à Guichard Ier, seigneur d'Anthon, la possession du fief de Pérouges et reçut son hommage. « C'est, dit Guichenon, ce que l'on sait de plus ancien dans les titres de Pérouges. »

Nous avons dit précédemment que le dernier roi de Bourgogne, Rodolphe, d'autres le nomment Raoul, avait institué l'empereur d'Allemagne héritier de ses états qu'il sentait échapper à son autorité (1032). Au siècle suivant, les archevêques de Lyon, demandèrent à l'empereur Frédéric Barberousse et obtinrent de lui à Briançon, confirmation de la donation faite à l'archevêque Burchard et une nouvelle investiture de la ville de Lyon et du comté lyonnais, le titre d'exarque et la reconnaissance de l'autorité temporelle du siège épiscopal.

Mais laissons parler l'auteur de l'essai historique sur la baronnie d'Anthon :

« Le comte de Forez revendiqua ses droits. Ces diffi-
« cultés furent enfin aplanies en 1167 dans une tran-
« saction qui intervint entre le comte et l'archevèque.
« Le comte et son fils cédèrent à perpétuité à l'église de
« Lyon, tout ce qu'ils possédaient au-delà du Rhône, de-
« puis Vienne jusqu'à Anthon, et dans le comté de Bour-
« gogne, au-delà de la Saône, dans La Valbonne, la châ-
« tellenie de Péroge que les Guichard d'Anthon tenaient
« en fief du comte.

« Guichard II s'oppose à cette donation et s'enferme « dans Pérouges.

« Les troupes de l'archevêque étaient au pied des mu- « railles et se préparaient à en saper les fondations à » l'abri des muscules. Deux catapultes, armées chacune « d'un dard de trois coudées de long, menaçaient les as- « siégés qui se présenteraient à la défense, et les piétons « porteurs de targes ou pavois offraient partout un rempart mobile aux archers de l'archevêque.

« La garnison de Pérouges faisaient bonne contenance « devant les préparatifs d'attaque ; elle avait foi dans son « courage, comme dans la force de sa position ; la grosse « tour, ainsi que les murailles étaient couvertes d'armes « offensives et défensives ; ici les balistes et les couillards « étaient chargés de gros quartiers de rochers, et les « dondaines devaient enfoncer les muscules, rouler sur « l'ennemi et emporter des files entières de piétons ou « démonter les cavaliers. Des chaudières de graisse et de « bitume fumaient de toutes parts ; des traits enflammés « et des falariques chauffaient aux fourneaux et mena- « çaient d'incendier toute machine de bois qui s'appro- « cherait de trop près des murailles. Une infinité d'armes « plus simples achevaient de fortifier la place. »

« Telles étaient les dispositions prises par Guichard « quand l'archevêque le menaça de l'excommunication. « Devant cette terrible peine de l'Eglise, le seigneur « d'Anthon déposa les armes et se reconnut le vassal de « l'archevêque de Lyon.

« C'est ainsi que dans les siècles de barbarie, l'interdit, « l'excommunication pouvaient seuls défendre le faible et « l'opprimé. »

De quel côté se trouvait donc le faible et l'opprimé? Ce n'était pas certes du côté de l'archevêque.

Quant au droit et à la justice, c'est une autre question ; en ces siècles de barbarie, comme les appelle l'auteur que nous venons de citer on peut dire hardiment qu'il n'y en avait pas ; durant tout le Moyen-Age, à part quelques règnes ou interrègnes très courts, le peuple a été selon une expression populaire, comme le grain entre les meules du moulin ; il a été écrasé entre deux tyrannies également insatiables ; il a été vendu, traqué, pillé, battu comme bête de somme, jusqu'au jour de 1789, qui fut pour lui une splendide aurore.

A Guichard II succéda son fils Guichard III ; ce dernier fit hommage en présence de Guillaume, évêque de Châlons, de tout le droit qu'ilpouvait avoir sur la dîme de Pérouges en faveur de l'abbaye de Cluny. Nous avons vu au commencement de ce chapitre que les dîmes avaient déjà été octroyées au xe siècle, à la même abbaye par les comtes de Forez, mais il paraît que ce droit était contesté ou aboli à l'époque où nous sommes arrivés.

Cet hommage porte que le seigneur d'Anthon et de Péroge se « retient le droit de bonne garde, ce qui veut dire « que le droit de garde ne pouvait comporter aucune exac« tion, levée ou autre charge sur le corps ni sur les biens « des hommes qui demeuraient ou qui viendraient demeu« rer à Pérouges, sur les terres de l'abbaye de Cluny, à « moins qu'ils ne fussent ses hommes-liges. »

Ces précautions semblent démontrer que les seigneurs d'Anthon, n'épargnaient pas toujours les vexations à leurs gens, et qu'il était utile d'y apporter quelque frein.

Ce document est daté du lendemain de la résurrection de N.-S. J.-C., 1236. Il fait époque dans l'histoire qui nous occupe, car il inaugure certaines franchises communales qui faisaient complètement défaut auparavant. Ce qu'on accordait était peu de chose et ne s'appliquait pas à tous, puisqu'il y avait la restriction des *hommes-liges* sur lesquels pouvaient s'étendre les exactions, levées ou autres charges sur le corps ou sur les biens, mais enfin c'était un échelon dans la voie ascendante des libertés, dont l'histoire impartiale doit tenir compte.

Guichard III eut Aymard pour fils et successeur lequel eut pour héritière Isabelle dame d'Anthon et de Péroge, sa fille, qui épousa Hugues de Genève, chevalier, seigneur de Varey ; ce dernier, céda Anthon et Pérouges au Dauphin de Viennois.

Cette cession fut la cause de la bataille de Varey, près d'Ambronay, le 17 mai 1325, l'une des plus sanglantes des luttes féodales, et qui affermit la domination du Dauphin sur tout le pays, le duc de Savoie ayant été vaincu.

Le duc de Beaujeu qui combattait avec les Savoyards à la bataille de Varey ayant été fait prisonnier fut obligé de remettre au Dauphin pour sa rançon, les seigneuries et châteaux de Meximieux et de Bourg-Saint-Christophe et tout ce qu'il possédait dans la contrée : Loyes, Châtillon-la-Palud, Le Montellier et Gourdans ; Guichard de Beaujeu, à ce prix, recouvra sa liberté et celle de ses gens prisonniers ; il conserva en fief du Dauphin, le château, bourg et mandement de Miribel en toute justice, qui lui était propre auparavant :

Le Dauphin constitua la baronnie de La Valbonne des nouvelles concessions acquises sur le sire de Beaujeu.

Les archevêques de Lyon conservèrent leurs droits de suzeraineté sur Pérouges, au moins jusqu'à l'an 1319, puisque en la Chambre des comptes du Dauphiné existe une sommation en date du samedi avant les Rogations de cette année, faite par Jocelin et de Liobard à l'archevêque de Lyon de recevoir au nom du Dauphin, l'hommage de la seigneurie de Pérouges (Guichenon).

Le 1er janvier 1329, Henri Dauphin, évêque de Metz, régent du Dauphiné, accorda des franchises et immunités aux habitants de Pérouges, et le 20 février 1334, il leur en octroya d'autres.

Humbert II, dernier Dauphin, leur concéda le privilège spécial qu'on ne leur pourrait intenter un procès criminel, sinon qu'il y eût partie plaignante, ce privilège est sans doute dans la charte de 1343, que le Dauphin octroya à Pérouges et qu'il se fit payer 150 florins d'or pour subvenir aux frais de sa croisade contre les Turcs dont il avait le commandement.

Les archives de la mairie de Pérouges possèdent cette charte; c'est un précieux parchemin bien détérioré, mais qui a été cependant reconstitué en entier.

On y voit appendu par des lacs de soie verte, le sceau en cire rouge du Dauphin, représenté à cheval, casque en tête et flamberge au vent; au revers, se voient la ville et l'église de Vienne, l'écu delphinal et le mot VIENA.

La municipalité actuelle a fait encadrer et mettre sous verre ce vénérable document qui sera désormais exposé aux regards dans la salle des délibérations municipales.

C'est peu de temps après cette charte que le Dauphin Humbert, désespéré de la perte de son fils unique qui lui enlevait tout espoir de filiation, céda ses droits au roi de France à la condition que le fils aîné du roi porterait le titre de Dauphin, jusqu'à son avènement à la couronne.

Il était du reste pressé par ses créanciers et effrayé aussi des suites de la guerre que venait de lui déclarer le sire de Beaujeu.

Cette session devint définitive le 16 juillet 1349 où dans le couvent des Dominicains, à Lyon, où il alla s'enfermer, il fit une irrévocable donation de ses Etats en présence de Hugues de Genève, de Guy de Leusse et de toute la noblesse dauphinoise, au duc Charles, enfant de 12 ans, qui venait conduit par son père, Jean II, roi de France, prendre possession de la lourde épée, de la bannière et du sceptre des Dauphins.

Le comte de Savoie n'eût pas plutôt appris la cession du Dauphiné à la France, qu'il envoya à Paris, Guillaume de la Baume, son principal ministre, pour s'y opposer par la voie diplomatique : ces démarcches demeurèrent sans résultat, mais préparèrent le traité du 13 janvier 1355, par lequel le roi Jean et Charles son fils, nouveau Dauphin, cédèrent en échange, à Anne de Savoie, les villes et châteaux dans La Valbonne et autres lieux ; voici le texte de ce document remarquable à plus d'un titre :

« Jean par la grâce de Dieu, roi des français et Charles
« son fils aîné, Dauphin de Viennois, déclarent pour le
« bien de la paix, avoir fait un échange de seigneuries
« avec le Comte de Savoie : Miribelli, Mons Luppelli,
« Burgi-Sancti-Christophori, Perogiarum, Meyssimiaci,
« de Gordans, de Varey, de Setononi (Sathonay), Sancte-
« Mauricii-de-Anthoni, de Chazey. »

Il y est dit que ces terres furent données au Comte de Savoie, en fief-lige et à titre d'hommage.

Ensuite, le roi de France et le Dauphin, ordonnent, mandent et prescrivent à tous les habitants de ces terres, d'obéir au comte de Savoie, comme ils obéissaient à eux roi et Dauphin avant le dit traité qui est muet sur ce que le roi de France reçut en échange.

Il est donc probable que ces terres furent échangées ou plutôt vendues, contre argent comptant, car la France envahie par les Anglais, déchirée par l'anarchie féodale avait des finances en piteux état, et qui devaient devenir moindres encore ; c'est l'année suivante qu'eût lieu la désastreuse bataille de Poitiers où le roi Jean fut fait prisonnier par les Anglais.

Quoi qu'il en soit, « ce traité, dit Guichenon, servit de ciment entre les maisons de France et de Savoie, étouffa toutes les semences de haine et de division entre les Dauphinois et les Savoisiens et fit vivre ces peuples en repos. »

En la possession de la maison de Savoie, Pérouges respira et connut une époque de tranquillité qui dura plus d'un siècle ; les comtes de Savoie aimaient Pérouges et ils y venaient souvent ; on montre encore à Pérouges, une ancienne maison qu'on appelle la maison du Prince.

Sous le règne d'Amé IX, son frère, Philippe duc de Baugé étant gouverneur de la Bresse et de la Dombes, s'allia au duc de Bourgogne, Charles-le-Téméraire, dans les guerres que ce dernier eut avec Louis XI, roi de France. Ce duc de Baugé entraîna avec lui ses deux frères : Janus, comte de Genève et Jacques, comte de Romont.

Louis XI dissimula quelque temps sa vengeance ; puis il donna l'ordre au gouverneur du Dauphiné, Jean, bâtard d'Armagnac comte de Comminges, de ravager la Dombes, la Bresse, la Valbonne et la Maurienne ; c'était en 1468.

Comminges prit certaines dispositions pour envahir les pays désignés, mais l'invasion n'eut lieu qu'en 1469, au mois de septembre.

Pendant ce temps, Pérouges fit des travaux extraordinaires à ses fortifications, dit M. de La Teyssonnière dans ses Recherches historiques sur le département de l'Ain.

« Ses habitants, dit-il, avaient démoli une église dédiée à Saint-Georges qui était hors de la ville, et ils en avaient employé les matériaux à réparer leurs tours et leurs remparts. »

Le châtelain de Pérouges se nommait Humbert Favre, un ancêtre probablement de Favre de Vaugelas ; le syndic de Pérouges qui fut envoyé à Bourg, avec d'autres de la région pour pourvoir à la défense se nommait Bénédict Bagelley ; celui de Montluel se nommait Antoine Seret, et celui de Miribel Pierre Duval.

Le conseil du gouvernement de Bourg nomme capitaine pour la défense de Pérouges en date du 4 septembre 1468, Philibert de Moyria ; il fut remplacé l'année suivante par Antoine Langlois, homme d'action et de courage qui contribua puissamment à la belle défense de Pérouges.

Mais tandis qu'on envoyait, 2 serpentins, 12 couleuvrines avec 16 livres de *saupêtre*, à Montluel, qui refusa une partie de cette artillerie, on n'envoyait rien à Pérouges,

« Le 9 octobre 1468 au soir, Robin de Pérouges, neveu « du châtelain Humbert Favre, arrive à Bourg, porteur « d'une commission délivrée par le seigneur de Bresse. « L'impôt est autorisé, et on le prélèvera même sur les « hommes d'église. Le prince prescrit de solder les gens « d'armes de Montluel. »

Il résulte de cette citation du Mémorial de l'invasion que le prince était à Pérouges à cette date.

L'invasion n'eut lieu que 11 mois plus tard : nous li-

sons dans le même Mémorial : « Samedi, 10 septembre.
« — Les nouvelles deviennent, chaque jour, plus alarmantes, on charge un homme de confiance, noble Philibert de Moyria, commandant du château de Pérouges (l'un des plus près de Lyon), de chevaucher hors du pays, pour s'assurer des dispositions de l'ennemi. »

« 16 septembre. — Les gens du roi de France ont passé la Saône à la nuit ; les Bourbonnais courent dans le pays de Bresse, à Versailleux, au Plantay, à Châtillon-les-Dombes, à Pont-de-Veyle et jusqu'à Lent. Ils pillent et enlèvent tout le bétail.

« Le 18, Messires de Meximieux et Philibert de Moyria annoncent au Conseil qu'ils ont vu les Bourbonnais passer la Saône en grand nombre. L'artillerie a quitté Lyon. »

« Le 20. — Noble Philibert de Moyria s'est présenté au Conseil, venant de prendre des informations certaines sur la marche de l'ennemi. Il raconte que les gens d'armes du roi, passant par la porte de la Lanterne à Lyon pour se jeter sur la Bresse, donnèrent l'assaut au château de Sathonay il y a trois jours. »

C'était probablement Comminges et ses Dauphinois qui s'avançaient conjointement avec l'armée du duc de Bourbon qui ravageait les bords de la Saône, sans doute dans un intérêt personnel de vengeance, dit M. Dufay, dans son opuscule sur l'invasion Dauphinoise (Bourg, 1864.)

Une lacune de plusieurs pages existe sur le Mémorial que nous avons cité ; cette lacune fait que le Mémorial est muet sur le siège que soutint Pérouges et qui a dû avoir lieu fin septembre et commencement d'octobre ; la paix fut conclue par l'entremise du comte de Genève, pendant le séjour de Louis XI à Lyon, dans le courant d'octobre.

« Comminges retira ses troupes de la Bresse, dit M. « Dufay, le 24 octobre 1469. Il s'était emparé en six se- « maines de seize places qui sont Sathonay, La Cra, « Montluel, Lebort, Loyes, Chana, La Pie, Chasseigne, « Villars, Marmont, Chastenet, La Falconnière, Bayod, « Berens, Glarens, Bezenens.

Le Bort, dont il est question ici, ne saurait être que le Bourg St-Christophe, dont le patois se prononce Le Bort. Chana doit être Chane, dans la plaine de la Valbonne.

« Nous avons vu comment elles étaient défendues ; « avec quelle insistance on réclamait des secours insuffi- « sants arrivant tardivement ou qui n'arrivaient pas.

« Sathonay fut surpris et enlevé presque sans coup fé- « rir. Montanay, Pérouges, firent une sérieuse résistance « et réussirent à se garder.

« Loyes fut pris et pillé. Montluel aurait pu mieux se « défendre ; ce fait est prouvé par les poursuites qui fu- « rent exercées contre les frères Humbert et Antoine « Du Bourg, commandant la garnison. »

« Le duc de Savoie récompensa la valeur des habitants « de Pérouges, en leur accordant par lettres-patentes du « 14 août 1470, l'exemption pendant vingt ans, de tous « droits de péage, de gabelle, de leyde, de coponage et « autres.

« La mémoire de ce siège a été conservée à Pérouges, « dans un texte latin trouvé dans les manuscrits de Gui- « chenon :

« Perogiæ Perogiarum urbs imprenabilis. Coquinati « Delphinati venerunt et non potuerunt comprehendere « illam ; attamen importaverunt portas et gonos cum « serris; Diabolus importat illos. »

« Il résulterait de cette citation que les Dauphinois em-
« portèrent les portes de la ville avec leurs accessoires,
« sans doute parce que les défenseurs en avaient muré
« les entrées, et que les vantaux de ces portes étaient
« restés en dehors des murs. »

Cette explication que donne M. Dufay de l'enlèvement des portes sans que la ville fut prise est parfaitement plausible. Pérouges ne fut pas pris et une de ses portes, la porte d'en-bas probablement fut enlevée ; elle fut brûlée dans le chemin à 100 mètres du tertre de Saint-Georges où l'on a retrouvé ses débris, et particulièrement plusieurs gros clous semblables à ceux qui existent encore au vantail debout à la porte d'en haut, il y a une trentaine d'années environ.

Il existe à Pérouges, un quartier situé au midi, que l'on appelle : La Brèche, où les remparts offrent, en effet, une solution du continuité ; cette brèche a sans doute été faite par l'artillerie des Dauphinois qui pourtant ne réussirent pas à prendre la ville d'assaut.

Revenons à l'inscription qui nous fournit le seul détail important de ce siège ; elle a été niée par plusieurs écrivains, mais nous venons de voir qu'elle a été tirée d'un manuscrit de Guichenon ; c'est sans doute d'après ce manuscrit que Maltebrun dans sa France illustré a pu parler de Pérouges en ces termes élogieux :

« Une inscription qui fut placée au-dessus d'une des
« portes de Pérouges, et dans laquelle, à la naïve impa-
« tience des soucis de la guerre, à la latinité plus naïve
« encore, il serait peut-être permis de reconnaître l'es-
« prit du bon duc Amé IX lui-même, nous semble assez
« heureusement caractériser la physionomie placide de
« ce règne. Il s'agissait d'immortaliser la valeur des ha-

Cliché A. Hudellet

PÉROUGES

Porte de la seconde enceinte

« bitants de la ville qui avaient repoussé les troupes de « Comminges, général au service de Louis XI, alors dau- « phin de Viennois.

« Voici dans quel style sont célébrés leurs exploits :

Suit le texte de l'inscription déjà cité, mais Péroge et Perogiarum sont écrits avec un *u* qui remplace l'*o* ; nous savons, en effet, que la lettre *u* se prononce *ou* en italien et qu'elle se prononçait sans doute autrefois de même en latin ; cette orthographe viendrait à l'aide de l'opinion que nous avons formulée qui ferait descendre les Pérougiens d'une colonie venant de Pérouse en Italie.

Mais sans nier cette descendance, car pendant quinze siècles, les noms peuvent se modifier, nous sommes obligés de nous conformer à l'orthographe qui a été admise pour Pérouges dans tout le Moyen-Age ; il y a deux cents ans à peine que l'on écrit : Pérouges.

C'est sans doute dans la période qui a succédé à ce siège que Pérouges jouit de sa plus grande prospérité en raison des avantages que lui conférèrent le duc de Savoie et Philippe de Bresse et de Baugé son frère ; de superbes maisons à la croix de Savoie, témoignent de la fortune et de l'art à cette époque.

L'église paroissiale de Saint-Georges fut rebâtie ; en même temps on construisit l'église actuelle de Sainte-Marie-Magdeleine, devenue plus tard église paroissiale pour remplacer la chapelle et le prieuré de Saint-Pierre, établis dans l'enceinte de la ville au xe siècle par les religieux de Cluny. Cette église, qui est fort grande, est construite en dehors et le long des remparts à côté de la porte d'en haut du côté du nord. Ses murs extérieurs servaient de remparts et sont tous percés de meurtrières.

La courtine qui est devant la façade et le bastion à côté, datent de la même époque.

Peu d'années après le siège, l'Inquisition dressa un bûcher sur la place de Pérouges. Jean Leloup, *carnacier* de Bourg, étant en prison, on dût faire venir l'exécuteur de Lyon, maître Etienne Frésier, pour brûler une sorcière nommée Antoinette Viginat, en 1475. (*L'Inquisition chez nous*, par Jarrin.)

En cette même année, à Rossillon, dans le Bugey, cinq victimes, montèrent également sur le bûcher de l'Inquisition.

Pérouges resta sous la domination des ducs de Savoie, jusqu'en 1535, où il redevint français pour la troisième fois, François Ier ayant fait la conquête de la Bresse cette année-là. Il y demeura jusqu'en 1559, époque du mariage de Marguerite de Valois, sœur de Henri II, avec Emmanuel-Philibert duc de Savoie ; le roi de France rendit au duc de Savoie, la Bresse et le Bugey.

Le 18 septembre 1565, le duc de Savoie, Emmanuel Philibert, remet Pérouges avec la seigneurie de Montréal à Charles de la Chambre, chevalier, baron de Meximieux et de Sermoyer en échange des seigneuries de Cerdon et de Poncin. Mais son altesse révoqua cette aliénation et donna Pérouges et Montréal à Louis Oddinet, baron de Montfort, le 25 avril 1566 ; celui-ci céda Pérouges au seigneur de Longefon son parent, qui le vendit ensuite le 22 mai 1577 à Antoine de Cadenet, seigneur de Chazelles. La veuve de ce dernier le revendit le 25 septembre 1587, à Antoine Favre, lors conseiller d'Etat de son altesse et son juge-mage en Bresse, puis premier président au Sénat de Savoie.

Que dire d'une époque pareille, où non seulement l'individu, mais le peuple d'une cité était vendu et revendu cinq fois en vingt ans comme du bétail en foire ; heureusement que le temps était proche où ce pays allait faire retour et pour toujours à la grande famille française.

C'est de cette époque, que datent la plupart des familles nobles de la contrée. Les princes de Savoie prévoyant une dépossession prochaine, par suite de la prépondérance de la France et par les aliénations successives de leurs domaines et la vente des privilèges, vendirent aussi des lettres de noblesse qu'ils voulurent d'abord imposer, mais qu'ils donnèrent ensuite pour 100 écus et même à meilleur marché.

Les descendants de ces anoblis n'ont pas lieu d'être fiers de leur noblesse qui est loin de remonter aux croisades, comme nous venons de le voir.

Les fils du président Antoine Favre furent donc anoblis ; l'un d'eux, Claude Favre, qui devint célèbre comme grammairien français, prit le nom de Vaugelas, d'une terre et d'un bois, qui porte encore ce nom à Pérouges, et un de ses frères prit le nom de La Valbonne parce qu'il en possédait les domaines.

Claude Favre, lorsqu'il n'était pas à Paris, habitait Pérouges, à la Grange-Rouge, qu'il fit ceindre de tours et qu'on appelle depuis le château de la Rouge ; il est probable qu'il y est né, bien qu'on ait retrouvé, il y a quelque trente ans, son baptistère dans les registres paroisiaux de Meximieux. La famille Favre était très ancienne à Pérouges, nous avons vu que Humbert Favre en était le châtelain en 1469.

Le 10 septembre 1595, Pérouges ouvrit ses portes au maréchal de Biron, qui fit la conquête de toute la Bresse et qui détruisit Villars de fond en comble parce qu'il lui avait résisté. Quelques auteurs pensent que Pérouges fut démantelé par Biron et qu'il subit le sort du château de Montluel démoli à cette époque.

Nous ne le pensons pas, Henri IV fit démanteler les repaires féodaux, mais il avait tout intérêt à respecter les fortifications communales. Il était trop bon politique pour agir autrement ; ce n'est pas lui qui fit tomber la grosse tour des Romains ; les autres tours et les remparts découronnés de leurs créneaux le furent par le temps et les divers propriétaires, qui en utilisèrent les matériaux pour leurs habitations.

Enfin, par le traité de Lyon du 17 janvier 1601, Pérouges devint définitivement français ainsi que tout le territoire du département de l'Ain, sauf cependant la principauté de la Dombes qui ne le devint qu'en 1762.

CHAPITRE V

Sous les Français.

De la France à jamais sois le Pérouge antique.

Sous la domination française, Pérouges et avec lui la Bresse et le Bugey suivirent la fortune de la patrie commune sans que les grands évènements qui ont eu lieu depuis l'annexion y aient eu un retentissement exceptionnel.

Nous ne dirons rien des seigneurs, comtes ou barons qui après Vaugelas possèdèrent Pérouges ; Richelieu avait terminé l'œuvre commencée par Louis XI ; la féodalité, quoique conservant de monstrueux privilèges, n'était plus omnipotente par ses puissants feudataires.

Les dîmes, les tailles, les corvées écrasaient encore comme jadis, les vilains à merci ; les langues de tous les bœufs tués à Pérouges devaient être portées au châtelain de Meximieux qui possédait en outre les remparts et jardins qui entourent la ville.

L'abbaye de Cluny possédait presque tout le territoire autour de la ville et les seigneurs possédaient le reste ; vers 1700, Claude Mareschal dit de Courteville, capitaine châtelain de Pérouges et de Meximieux possédait La Rouge et La Valbonne.

Mais, dès le milieu du XVIIe siècle, nous voyons l'initiative du peuple se développer et fonder des corporations, citons celle des tisserands qui fut fondée en 1630 et dont la fête se faisait le 8 décembre, sous le nom de la Saint-Grumussé; cette fête s'est perpétuée pendant plus de deux siècles.

Les bouchers, les cordonniers et les chapeliers étaient égalemeut organisés en corporations.

En 1687, il s'organisa une confrérie de pénitents blancs, qui reçut un bref et la bénédiction du pape : nous avons vu ce parchemin écrit en rouge et en noir et signé du pape de l'époque ; il a été soustrait, il y a 35 ans, par un amateur d'antiquités peu scrupuleux.

Cette confrérie a existé jusqu'en 1844.

Les registres paroissiaux permettent d'établir l'état-civil depuis l'an 1590. Un registre de délibérations de la *communauté* de Péroge permet de laisser voir certains droits et franchises communales ; les délibérations en sont signées par les syndics qui rassemblaient les habitants au son des cloches pour prendre leur avis.

Le 23 avril 1747, un prêtre néfaste fut nommé curé de Pérouges, c'est le nommé Jean-François Mollod, bâchelier en droit, dont la mémoire exécrée s'est conservée jusqu'à nos jours. M. Mollod, écrit l'abbé Blanchon, connaissait à fond les procédures civiles et canoniques. Usant de cette connaissance, il était sévère pour le payement des dîmes. En 1750, il y avait 17 autels dans l'église de Pérouges, M. Mollod en fit supprimer 9 le 10 octobre 1750.

Quelques années plus tard, il vendit les deux chapelles de Saint-Nicolas et de Sainte-Catherine au sieur Pierre Bastien. Qui devait recevoir le prix de la vente ?...

La commune ou la fabrique ? Il y eut procès, celui-ci dura 16 ans, et ne se termina qu'en 1788, les frais se montèrent à 1332 livres. Il supprima la procession qu'on faisait le second dimanche de chaque mois autour de la ville en l'honneur de Notre-Dame-du-Mont-Carmel.

En 1763, il fit supprimer la confrérie de Saint-Sébastien que l'on invoquait contre la peste, confrérie qui existait depuis 1596, fondée à la suite de la peste qui ravagea Pérouges et Meximieux.

Il fit interdire l'ancienne église de Saint-Georges et la chapelle de Notre-Dame-de-Grâce, dont il traîna par les cheveux, le dernier prieur, l'abbé Janin. En 1772, il obtint de Mgr de Montazet, archevêque de Lyon, une ordonnance qu'il fit publier les dimanches des Rameaux, de Pâques et de Quasimodo pour la démolition desdites église et chapelle. Cette ordonnance portait en outre qu'on minerait le cimetière de Saint-Georges pour transporter les ossements dans celui de Pérouges. Mais cela n'eut pas lieu parce que les habitants s'y opposèrent.

Toutes ces mesures attirèrent contre le curé, la haine de ses paroissiens et surtout des tisserands, des bouchers et autres corporations dont il avait démoli les chapelles ; il eut en outre des procès avec les habitants par rapport aux recettes de la fabrique.

M. Mollod est mort à Pérouges en 1783, il est enterré sous le grand crucifix dans l'église qu'il a saccagée, plus que ne devait le faire la révolution qui était proche.

« Il a été peu regretté », dit l'abbé Blanchon, nous le croyons sans peine.

Mais nous arrivons à l'époque de la liquidation de l'ancien régime, la date de 1789 ne peut passer inaperçue dans une histoire locale pas plus que dans une histoire générale.

Le samedi saint 1789, la partie des remparts de Pérouges qui reliait la grande tour à l'Eglise, s'écroula « de vétusté », dit la chronique rédigée par un maître d'école de Pérouges du nom de Tarpin, à qui nous allons emprunter quelques faits de cette époque mémorable.

« Le 7 février 1790, la municipalité de Pérouges fut formée ; on élut pour Président : Etienne Bertholin, curé ; pour Maire : Charles Vallat avocat ; pour conseillers : Antoine Favier, fils de Joseph ; François Pascalon, André Tarpin, Humbart Mollard, marchand ; Joseph Rudigoz, boucher ; pour procureur de la commune : Philippe Biesse, notaire ; pour notables : Claude Bernin, tisserand ; Jean Rudigoz, maréchal ; Claude Magnin, cordonnier ; Jean-Baptiste Ladray, tisserand ; Claude Solassier, serrurier ; Jean Thierry, drapier ; Philibert Bouveyron, laboureur ; Jean Juenet, laboureur à Rapans : Charles Renaud, laboureur à la Glaye ; Joseph Cazin, vigneron ; Antoine Juenet, vigneron ; Claude Juenet, laboureur à Rapans. »

A la suite de cette installation, le sieur Gaspard Favier fut nommé délégué de la commune pour la représenter à Paris aux fêtes de la Fédération du 14 juillet suivant.

« Le 14 février, les dits sus-nommés ont prêté le serment de fidélité au roi, à la loi et à la nation ; ils se sont rendus ensuite à l'église pour chanter un *Te Deum* en action de grâce ; à partir de ce moment, tous hommes et femmes à Pérouges, portent la cocarde pour montrer leur patriotisme. »

« Le 14 juillet, jour de la Fête de la Fédération, célébrée dans toute la France en mémoire de la prise de la Bastille, Biesse, procureur de la commune monta dans la chaire de l'église et fit prêter serment à tout le peuple d'être fidèle au roi, à la loi, à la nation. »

« Le 15 mars 1791, les biens de la Chapelle du Saint-Sépulcre furent vendus par décret de l'Assemblée nationale pour la somme de 5.225 francs en assignats. L'acheteur fut Claude Massard. »

« Le 17 avril 1792, Jean-Baptiste Royer, évêque constitutionnel de l'Ain, vint visiter l'église de Pérouges. Il fut reçu par la municipalité ; la garde nationale, drapeau déplié et tambour battant l'accompagnait ; on le conduisit sous le dais à l'église où il prêcha la paix et la justice qui sont inséparables ; le curé Bertholin s'absenta par patriotisme. »

« Le 20 mai suivant, on fit à Meximieux, la revue générale des gardes nationaux du canton. Ceux de Pérouges ne voulant pas, disent-ils, être commandés par l'aristotocrate Dervieu, de Villieu, se retirèrent tambour battant. »

« Le 29 juillet, nouvelle revue générale des gardes nationaux du canton, Pérouges persistant à ne pas être commandés par M. Dervieu de Villieu, fut renvoyé sur le champ. »

« Les 20, 21 et 22 septembre 1792, furent logés à Pérouges, des bataillons du Gard et de la Drôme ; « c'étaient des diables comme on n'en avait point vu de pareils », ajoute la chronique. »

« La garde nationale organisée en février 1792, à Pérouges, comprenait 222 hommes depuis 14 ans et au-dessus ; Ladray et Dépallières, furent nommés capitaines et Truchard, porte-drapeau,

« Le 21 octobre, même année, on a planté au milieu de la place de Pérouges, l'arbre de la Liberté au haut duquel se trouvait le bonnet phrygien porté sur une barre de fer. »

« Le 1er janvier, il y eut une espèce de révolution ; les ultra-révolutionnaires excités par leurs frères et amis, cordeliers et jacobins, voulurent établir une nouvelle municipalité. Ils se réunirent et nommèrent procureur de la commune, Truchard, et pour conseillers : Jean Miège, Jean Bastien, Claude Massard, Nicolas Dru, Claude Cazin, etc. Cette nomination ne fut pas approuvée immédiatement par le département. »

« Le 3 février suivant, M. Montessuy, commissaire du district de Montluel fut envoyé à Pérouges pour présider à la nomination de la Municipalité. On nomma la même que le 1er janvier avec Gaspard Favier pour secrétaire. »

« Le 28 du même mois, on a célébré dans l'église de Pérouges, un service solennel pour Louis-Michel Lepelletier-Saint-Fargeau, député conventionnel qui, ayant voté la mort de Louis XVI, fut poignardé le 21 janvier au Palais-Royal par le garde du corps Paris; la garde nationale et la municipalité assistent à ce service. »

« Le 5 mai, le curé Bertholin, qui avait prêté le serment et reconnaissait enfin pour évêque, Royer, dit deux messes pour la première fois, suivant la faculté accordée par le mandement de cet évêque. »

« Le 6 avril, le district de Montluel envoie 20 piques pour la garde nationale de Pérouges. »

« Le 22 mai, on a vendu à Montluel, les vignes des Chevalières appartenant à la fabrique, Charles Vallat et Pierre Baudy les achetèrent pour 6.130 francs. »

« Depuis le 12 novembre 1793, jusqu'en décembre 1794, les sans-culottes dominèrent à Pérouges. Le 12 novembre, on créa dans l'église la société ou comité de salut public, composé de 12 membres. Ce comité fut formée par trois commissaires de Montluel, dans une séance qui dura de 6 heures à 9 heures du soir. Le lendemain cette société se réunit dans l'église ; là, on fit l'apologie du sanguinaire Châlier, condamné à mort, à Lyon, le 17 juillet 1793 et exécuté sur la place des Terreaux. »

« Le 29 novembre, on abat les croix qui étaient sur les chemins au nombre de cinq ; on abattit également la statue colossale de Saint Christophe, celles de Saint Michel et de Saint Louis, qui étaient dans l'église, ainsi que celle de Sainte Magdeleine qui était sur le porche ; cette dernière tombant sur le pavé fut brisée. »

« Le 10 décembre l'église fut fermée ; « ce jour, dit la chronique, fut la désolation de l'abomination. »

« Le 30 du même mois, on fit présent à la nation de tous les vases sacrés de l'église, consistant en deux calices, trois ciboires et un ostensoir, le tout en argent ; ils furent portés au district de Montluel. »

« Le 14 février 1794, par ordre de la Convention, les ornements d'église, les vêtements sacerdotaux, les nappes d'autel, les bannières, le fer, le cuivre, le plomb, l'étain, la table de communion, les chandeliers, furent menés au district de Montluel. »

« Par ordre du dantoniste Albitte, représentant de la Convention dans l'Ain, on commença le 2 mars suivant à découvrir le clocher qui était surmonté d'une flèche, façon de mître ; ce vandalisme fut continué les jours suivants. On s'attaqua ensuite à celui de Saint-Georges ; le sieur Baudy, maçon, en le démolissant se tua le 6 mars. »

« Le 25 mars, une cohorte de sans-culottes de Montluel et de Meximieux, montèrent comme des forcenés à Pérouges, et accompagnés du fameux Truchard, procureur de la commune, ils se rendirent à l'église, brisèrent tableaux, statues, crucifix, tabernacles, autels et fonds baptismaux et portèrent le tout sur la place publique, où tout fut brûlé ou brisé au chant de la *Carmagnole.* »

« Le 29 mai, on réorganisa la garde nationale de Pérouges, on trouva dans l'enceinte de la ville 80 hommes au-dessus de 18 ans; 127 femmes ou filles au-dessus de 18 ans furent inscrites pour former la garde de Bellone, déesse de la guerre. »

« Le 8 juin, on célébra la fête de l'Etre suprême. »

« Le 15 juin suivant, jour de la Trinité, tomba sur 10 heures du matin, l'ancienne et respectable tour de Pérouges. Depuis le 10 avril, on travaillait à sa démolition d'après l'ordre du sanguinaire Albitte. On l'avait sapée par le pied. Le coût de cette démolition adjugé à Drugeon, maçon à Loyes, s'est élevé à 2,500 francs. »

La chronique s'arrête-là, comme à une date néfaste, ce qu'elle fut en effet. Lorsque les poteaux auxquels on avait mis le feu furent consumés, toute la population accourue à Bancaron vit tomber la tour dont les débris allèrent jusqu'au Longevent et dont la chute fit trembler la terre et lézarder toutes les maisons de la ville. Pérouges était décapité et ne devait plus recouvrer son antique prospérité.

Nous venons de voir que l'auteur de la chronique dont nous avons cité des extraits, traite Albitte de dantoniste, nous dirons à la décharge de ce dernier que s'il fit tomber la grosse tour de Pérouges, il sauva de l'échafaud, douze notables de cette ville qui avaient été dénoncés au Comité de Salut public et dont il brûla la liste dénonciatrice, en présence du procureur Truchard.

Après la chute de Robespierre, les terroristes ne furent plus redoutés à Pérouges ; le 24 août, ils furent sifflés à leur club.

C'est pendant la Terreur que le général Précy, commandant de la ville de Lyon révoltée, passa par Pérouges se sauvant en Suisse ; il y échangea contre des habits de paysan, son épée, qui fut conservée précieusement dans la maison qui l'accueillit.

Mais l'histoire qui nous occupe touche à sa fin. Pendant la première moitié du XIXe siècle, Pérouges put maintenir sa population de 900 âmes à 1,000 âmes environ, ses foires et ses marchés qui se faisaient le samedi ; mais vers 1840, une route reliant Meximieux à Trévoux fut déviée de son tracé à travers les vignes des Chevalières, ce qui acheva d'éloigner tout commerce de Pérouges.

En 1839, un incendie détruisit la halle qui existait de temps immémorial sur la place principale ; elle ne fut pas rétablie par la municipalité, et de ce moment commença le déclin des marchés et des foires.

En 1848, trois arbres de liberté furent plantés à Pérouges, un par les hommes et deux par les enfants et jeunes gens ; le jour de la plantation du premier ce fut grand jour de fête ; il y eut un banquet de 250 couverts sur la place et ce furent des vieillards de 80 ans, témoins de la première république, qui entonnèrent la *Marseillaise* en se tenant par la main.

Ce fut aussi un grand jour de fête que le 29 septembre 1889. On inaugura le rétablissement de l'inscription sur les portes de la ville ; la fanfare de Meximieux toujours si dévouée y apporta son gracieux concours et les enfants des écoles chantèrent la cantate en trois parties composée pour la circonstance.

Aujourd'hui, Pérouges est un village de 500 âmes environ en y comprenant ses hameaux ; ses marchés ont disparu et ses foires ne se maintiennent que par les bestiaux dont les ventes et achats attirent les maquignons ; ses tisserands se réduisent à un petit nombre et les vignes, détruites par le phylloxéra et reconstituées partiellement, n'offrent plus qu'une mince ressource aux agriculteurs de la commune.

Il ne faut pourtant pas conclure des lignes qui précèdent que le grand mouvement humanitaire qui a signalé partout la seconde moitié du XIXe siècle ait passé inaperçu à Pérouges. Non, les anciennes corporations, confréries et associations d'autrefois ont été remplacées avantageusement.

De vastes écoles pour les enfants des deux sexes ont été construites, tandis que, parallèlement, se créait l'institution Orcel, dénommée ainsi du nom de son fondateur.

Une compagnie de sapeurs-pompiers s'y est organisée vers 1860, puis s'est transformée, sans se licencier, en secours mutuels, il y a 22 ans.

Un bureau de bienfaisance y a été créé, il y a 25 ans, et, en 1887, une Société du Sou des écoles s'est formée en faveur des enfants nécessiteux des écoles laïques.

Enfin, en 1898, une Société de Mutualité scolaire et de pensions de retraite a été établie pour les enfants des écoles communales.

Toutes ces œuvres, très prospères aujourd'hui, font bien augurer de l'avenir, sinon de l'ancienne forteresse, mais du moins de la commune en général.

Cliché A. Hudellet

PÉROUGES

Maison Vernay

CHAPITRE VI

Visite archéologique.

Oh! Glorieux débris d'une époque lointaine
Où vingt siècles passés dorment ensevelis!

Le visiteur qui, venant de Meximieux arrive au hameau du Péage, a deux chemins principaux pour monter à Pérouges, et même trois s'il veut prendre la route carrossable qui fait un grand détour en passant par La-Glaye. Le premier qui se présente à lui est le plus court mais aussi le plus abrupt, c'est celui qui aboutit à la porte Langlois, nommée ainsi du nom du commandant du siège de 1469 contre les Dauphinois: l'autre, plus pratique, se nomme la Grand'Côte où certains croient retrouver les vestiges de l'ancienne voie romaine; il aboutit sur la place du Plâtre, puis tournant brusquement à droite, il arrive aux débris du bastion qui défendait la première enceinte.

Franchissons avec le visiteur, la première porte en ogive, et suivons-le dans le bastion et la courtine établie entre les deux enceintes.

Le bastion est malheureusement masqué à l'extérieur, en partie du moins, par une construction particulière récente, mais l'intérieur est très remarquable; on y voit, au rez du sol, les embrasures et les meurtrières des pièces d'artillerie qu'on a dû y placer pour la défensive, ainsi que les naissances de la voûte qui en faisait une véritable casemate; en haut, sont d'autres ouvertures qui ont dû faire l'office de mâchicoulis; cette ruine et le terre-plein qui est auprès s'appelle : le boulevard, du patois, *baleverd.*

Laissant à gauche la magnifique église que nous décrirons plus loin, contemplons en passant le splendide paysage qui se déroule sur l'immense plaine de La-Valbonne, puis arrivons devant la deuxième porte, également ogivale, que surmonte une tour carrée dont les murs sont intacts jusqu'aux encorbellements des étages supérieurs ; cette tour est antérieure à l'église qui est à côté, car les embrasures et les meurtrières sont dirigées également du côté qui touche à l'église ; elle est en saillie des anciens remparts.

Un vantail en madriers de sapin retenus avec de gros clous et de fortes ferrures est encore existant, mais constamment ouvert ; une porte basse s'ouvrait dans ce vantail pour donner passage à une personne.

Sur la clé de voûte se voit l'écusson pérougien : « De gueules au dragon d'or » surmonté de l'inscription antique que nous avons signalée et qui est rétablie depuis quelques années.

Une troisième porte intérieure dont on voit encore les gonds tordus, devait achever de rendre la position inexpugnable de ce côté.

En pénétrant dans la ville, la maison Vernay attire les regards par ses belles fenêtres géminées et croisillonnées d'un luxe sculptural admirable ; signalons la porte d'entrée de cette maison et son bel escalier tournant en pierres de taille qui doivent remonter au XVe siècle ou au commencement de la renaissance.

Dans les étages supérieurs de eette maison existaient autrefois de belles peintures à fresque représentant des combats ou des carrousels de chevaliers, ces peintures existaient d'ailleurs dans beaucoup d'autres maisons, mais leurs dernières traces ont disparu depuis 40 ans environ.

En continuant notre promenade du côté du midi par la rue des Rondes, nous voyons à droite une vaste cour où a été construite l'école des filles, il y a quinze ans ; admirons en passant une vieille tour restaurée à cette époque ; elle était en saillie des remparts et ses trois faces antérieures sont munies d'embrasures ; elle est couronnée de créneaux surmontés d'un pavillon d'un effet déplorable.

Plus loin se trouve la place Du-Four, elle est triangulaire et donne accès au quartier de la brèche, ainsi nommé parce qu'une brèche aurait été faite aux remparts par les couleuvrines de Comminges ; la maison Jourdain qui est au centre de ce quartier indique effectivement une solution de continuité dans l'enceinte.

Mais la rue descend plus rapide et nous arrivons au carrefour de la porte Langlois, celle qui selon toute probabilité fut emportée par les Dauphinois 1469 ; cette entrée était assurément moins bien fortifiée que l'autre, mais la porte plein cintre indique qu'elle est plus ancienne, elle remonte sans doute aux origines de la ville. De cette porte, la vue sur Meximieux, la vallée du Longevent et les montagnes du Bugey forme un panorama des plus ravissants ; une pierre monumentale placée sur l'arc de la porte rappelle le souvenir du siège.

En creusant les fondations d'une terrasse que la municipalité vient de faire exécuter pour adoucir la rampe de ce chemin au-dessous de cette porte, les ouvriers ont mis à découvert une partie des anciens fossés qui existaient autour de la ville et parmi la vase et les détritus, des ossements humains et du fer oxidé ; si des fouilles sérieuses étaient faites, nul doute qu'on se trouverait en présence de débris considérables d'un autre âge.

Mais remontons au carrefour de la porte Langlois ; après avoir admiré une vieille serrure adaptée à un portail récent, jetons un coup d'œil sur la rue des Rondes qui se prolonge du côte du nord avec son pavé du Moyen-âge ou plus vieux encore et ses belles maisons qui presque toutes ont conservé leur caractère ; parmi ces maisons citons la maison Gerlier remarquable par ses belles ouvertures et surtout par sa grande cheminée du premier étage.

Un peu plus loin, se trouve la maison de l'ancien grenier à sel ; il est déplorable que sous prétexte de donner de l'air et du jour, bon nombre de fenêtres aient été amputées de leurs meneaux et de leurs croisillons ; mais les gorges, les moulures et les motifs qui les couronnent sont encore intacts.

Une multitude de petites rues viennent aboutir dans cette partie de la rue des Rondes ; dans la deuxième rue, notons la maison Bousselin, qui fait l'angle de cette rue et de la rue du Tambour ; elle possède un bel escalier en colimaçon, ses portes sont toutes cintrées et moulurées, et ses fenêtres à croisillons sont très nombreuses, l'une d'elles éclairant l'escalier possède une grille en barreaux de fer croisillonnés à ressaut comme on les faisait au Moyen-Age.

Mais poursuivons notre promenade dans la rue des Rondes qui maintenant monte très rapide ; signalons en passant la maison Thimon qui au deuxième étage possède une croisée géminée et ogivale d'un très beau travail, elle est malheureusement obstruée par une maçonnerie.

Signalons aussi la maison Janin dont la façade est en face de la rue de la Place ; cette maison possède aussi un bel escalier en pierres et de belles ouvertures ; la maison Cazin qui est en face et fait l'angle de la rue de la place et de la rue des Rondes a dû certainemeut être une des plus belles de Pérouges ; on y voit les restes d'une galerie du côté de la rue de la Place et sur la rue des Rondes, des débris de vitres aux fenêtres des étages supérieurs ; il y a longtemps qu'elle est inhabitable.

Poursuivant notre marche, la rue devient plus plane et nous arrivons au débouché d'une allée couverte qui communique avec la place ; du côté droit est la rue qui conduisait à l'ancienne tour dont on peut voir encore les fondations à 50 pas de la rue des Rondes à l'angle du petit jardin de la cure ; dans cette rue se trouve l'ancien puits qui seul fournissait l'eau potable aux habitants lorsque la ville était assiégée, la fontaine Putarey étant hors des murs.

De l'emplacement de l'ancienne tour, la vue s'étend du côté de La-Glaye et sur la vallée du Longevent.

Mais nous touchons à notre point de départ, nous voici sur la place de la Mairie et de l'école des garçons, où existait autrefois l'hôtel de la Croix-Blanche et dont les bâtiments ont été démolis : sur cette place, mentionnons le pensionnat Orcel, fondé il y a 50 ans, qui attire chaque année de nombreux pensionnaires ; la maison opposé au pensionnat et qui fait face à la rue du Prince est très ancienne et remarquable à plus d'un titre ; elle a une cour qui touche à l'église dont on aperçoit la petite porte et le clocher du milieu de la place.

Engageons-nous dans la rue du Prince faisant double retour en S, et qui fait communiquer la place de la Mairie avec la place principale dite autrefois place de la Halle ; les maisons de cette rue sont toutes superbes, mais la plupart sont inhabitées, et parmi celles-ci, citons la maison Margnol, dite maison du Prince, qui sert aujourd'hui de cave, de grenier et de fenil ; elle renferme une petite cour très remarquable par les débris d'arcades et de piliers ; dans les bâtiments se voient une immense cheminée et un long corridor aboutissant à une chambre voûtée, autrefois fermée par une porte de fer, où étaient renfermés le trésor et les archives.

Mais nous arrivons sur la place, « coin merveilleux d'ombre et de silence » a dit l'auteur cité au début de ce livre ; cette appréciation est juste, mais dégageant notre esprit de cette impression de paix, nous trouverons qu'il y a quelque chose à admirer de tout particulier.

C'est d'abord, en débouchant de la rue du Prince, à droite, la maison Rudigoz avec ses lourds piliers formant galerie ; sur la façade de cette maison et sur la rue du Prince existait autrefois une fresque admirable représentant un Saint-Georges colossal terrassant le Dragon ; cette peinture était encore très visible il y a quarante ans, peut-être en aperçoit-on encore des traces.

En face de cette maison, dans la rue du Prince est une maison reconstruite il y a quarante ans environ dans laquelle on a démoli des murs sur lesquels des batailles avaient été peintes ; on ne peut que regretter cette destruction.

Mais nous voici en pleine place, à l'ombre du vieux et magnifique tilleul qui occupe son centre ; il existait autrefois un réservoir d'eau à découvert sur cette place et joignant la maison Rudigoz dont nous venons de parler ; il occupait une surface carrée de 100 mètres environ de superficie ; on l'a remplacé, il y a trente ans, par une citerne située au même emplacement.

En faisant les fouilles pour cette citerne, les ouvriers se trouvèrent tout à coup sur une voute qui résonnait comme un cloche sous le choc des outils ; le maire d'alors ne voulût pas faire continuer les fouilles, mais il est probable qu'on se trouvait en présence de citernes romaines, comme il en existe à Constantine. Pérouges du reste, toute proportion gardée, ressemble à cette ville lointaine ; citons la porte d'En-Haut qui ressemble à la porte Djebbia de l'ancienne Cirtha à part cependant le renflement des ogives qui est la caractéristique de l'architecture arabe.

Parmi les belles maisons de la place, citons la maison Orcel superbe construction du XVIe siècle dont les pans de bois forment plusieurs étages superposés par encorbellements, comportant une jolie frise au premier étage, et la maison du petit Saint-Georges dont la statue équestre occupe une élégante niche dans le mur d'une tourelle d'escalier.

Signalons en outre, la très belle porte de la maison Cazin, à l'angle de la rue de la place. La maison du café Michallant renferme aussi dans le parement d'un mur de derrière une tête en pierre d'une bonne facture dont le reste du corps se retrouverait croyons nous, dans un mur de clôture du jardin Bousselin, à 30 pas environ de la place.

Passons maintenant à la visite de l'église qui est l'une des plus belles de la région et qui fut construite au XVe siècle, époque la plus florissante de Pérouges, car à cette époque, les maisons furent presque toutes reconstruites.

Certains archéologues, notamment M. Révérend du Mesnil et M. Blanchon, croient que cette église remonte au XIIe siècle et qu'elle a tous les caractères de transition du roman à l'ogival ; c'est un édifice remarquable, moitié église, moitié forteresse, dont la façade tournée au sud-ouest est flanquée à droite et à gauche de travaux de défense ; le côté nord-ouest qui donne sur la campagne n'est pas moins formidable. Sur le rempart de vingt mètres de hauteur sur 2 m. 30 d'épaisseur, on distingue extérieurement les meurtrières qui, de l'intérieur de l'église permettaient de tirer des armes à feu pour la défense ; les baies de l'église dans ce rempart sont très hautes et très étroites, et tout à fait en haut d'autres meurtrières non bouchées, celles-ci et des baies ouvertes complétaient le système de défense. Les voûtes de l'église communiquaient avec le chemin des rondes dans l'épaisseur des remparts.

La façade est simple mais avec un certain caractère de grandeur et de majesté ; la niche sur le porche où était la statue de Sainte-Magdeleine, mise à bas par la Révolution, et où celle de Saint-Georges avait pris sa place pendant quelques années a été malencontreusement bouchée. Une haute fenêtre ogivale à doubles meneaux éclaire la grande nef immédiatement sous la voûte et deux petites rosaces éclairent les bas côtés ; la porte d'entrée est basse et forme un cintre surbaissé.

C'est du côté droit que se trouve à quatre mètres du sol environ la tête mutilée d'une statue de Jules César.

Si maintenant l'on pénètre dans l'intérieur de l'église, on est frappé de son aspect imposant avec ses dix piliers octogones, sa voûte d'arêtes aux riches moulures en pénétration, ses culs-de-lampe merveilleux, ses rosaces et ses écussons aux clefs de voûte que de petits anges soutiennent à 40 pieds de hauteur.

La partie centrale de la voûte surtout est magnifique ; les symboles des quatre évangélistes la décorent d'une manière très heureuse et la rosace centrale est d'un travail achevé.

A gauche en entrant, est un rétable de chapelle qui n'a pas échappé entièrement aux déprédations des modernes vandales, mais qui est encore très remarquable ; on y a mis les fonds baptismaux.

Au deuxième pilier du même côté est encastrée à deux mètres de hauteur, une pierre d'autel d'un travail exquis, avec une inscription gothique.

Cette pierre faisait partie de la chapelle du prieuré de Saint-Pierre qui fut démolie à l'époque où cette église s'édifia sous le vocable de Sainte-Marie-Magdeleine.

Dans le mur de rempart qui longe ce côté gauche de l'église, on voit encore quelques placards qui dissimulent les embrasures existantes, les autres ont toutes été bouchées avec une maçonnerie.

Les trois autels qui sont au fond des trois nefs sont du plus pur gothique fleuri ; ils sont l'œuvre de Fabich, statuaire lyonnais.

Le côté sud-est de l'église qui longe la ville est orné de belles fenêtres à meneaux et arceaux gothiques d'un beau travail ; on a m[illegible] our, il y a quelques années, deux superbes colonnettes avec gorge ornant l'entrée d'une de ces chapelles vendues et murées ensuite par le curé Mollod, dont nous avons parlé plus haut.

Des deux chapelles qui restent nous ne dirons rien ; elles ont trop été restaurées ; la chapelle de Sainte-Magdeleine notamment, qui possède un beau rétable ancien a été l'objet d'adjonctions de saints et de plâtreries très inintelligentes.

Aucune pierre tombale n'est à signaler dans l'église de Pérouges, nous croyons néanmoins que le sous-sol renferme bon nombre de tombeaux, car nous avons vu que le curé Mollod avait été enterré sous le grand crucifix, c'est-à-dire entre les troisièmes colonnes de la grande nef ; l'une des chapelles, renferme les tombeaux de la famille Mareschal de Courteville.

A propos de pierres tombales, il en existe une très ancienne et très remarquable à l'entrée de la chapelle de Saint Georges, bâtie, il y a 50 ans environ, sur le tertre de ce nom, et sur les ruines de l'ancienne église paroissiale ; elle possède une inscription gothique que nous signalons aux archéologues ; cette chapelle possédait autrefois les antiques statues en bois de Saint Georges et de Notre-Dame-de-Grâce ; pourquoi cette dernière a-t-elle disparue depuis quelques années ?

Mais revenons à l'église paroissiale actuelle : les statues qui y sont placées ainsi que les autels sont tous récents ; il n'en est pas de même de trois tableaux qui, à cause de leurs grandes dimensions, et peut-être à cause de leur valeur, ont échappé aux iconoclastes de 1794 ; c'est d'abord le Christ en croix, avec dans le fond la vue de Jérusalem.

Ce tableau, placé sur la grande porte et vis à vis la grande nef est d'une expression frappante de véritable douleur ; les autres, qui sont dans le fond, de chaque côté du maître-autel, représentent, dit-on, Saint Ambroise et le Christ au tombeau.

Jusqu'à ces temps derniers, une vieille horloge du Moyen-Age, sonnait encore les heures dans le clocher reconstruit en 1817 ; mais, depuis la mort de l'ancien marguillier, on n'a pu la faire marcher régulièrement ; il est question d'en établir une neuve, et nous ne saurions trop encourager la municipalité dans cette voie, maintenant que le pavillon impérial qui recouvre le clocher vient de subir une réparation importante.

Il nous reste peu à dire maintenant sur les dehors de Pérouges; nous signalons cependant la jolie promenade des Terreaux, qui a été établie au sud de la ville; elle remplace les anciens fossés dont elle tire son nom ; elle est planté d'arbres séculaires, mais il lui manque quelques bancs où pourraient se reposer les visiteurs en jouissant d'une vue magnifique.

La fontaine Putarey, située au nord, et les chemins qui la desservent et qui sont très pittoresques, sont aussi à visiter ; c'est de ce côté que Pérouges a le mieux conservé son aspect sévère et guerrier ; on y voit, entre des parties de rempart écroulées, les restes du chemin de ronde qui faisait tout le tour de la ville.

De cette fontaine, une promenade dans la vallée du Longevent s'impose; cette vallée n'ayant été améliorée par aucune voie nouvelle de communication, a conservé tout son aspect rustique et quelque peu sauvage des temps jadis; quelques moulins de distance en distance rompent l'uniformité des prés et des bois et ajoutent au charme du paysage.

Le visiteur peut rentrer ensuite à Meximieux par le chemin de la Grâce ainsi nommé parce qu'à son extrémité entre le hameau du Péage et Meximieux existait autrefois une chapelle dédiée à Notre-Dame-de-Grâce.

De cette chapelle, il n'existe plus aucun débris ; elle était construite dans le grand pré dit de Rémillieux, à 15 mètres environ de la route qui descend à Meximieux à l'endroit où l'herbe plus touffue qu'ailleurs indique la source antique et prétendue miraculeuse.

Cette source est un dérivatif de la fontaine druidique de Rémillieux qui, située à peu de distance, arrose le pré de ce nom et va se perdre dans le Longevent.

Cliché A. Hudellet

PÉROUGES

Mur extérieur de l'église fortifiée

Perogiœ Perogiarum Urbs imprenabilis !

Coquinati Delphinati voluerunt prehendere illam ; ast non potuerunt. Attamen, importaveruut portos, gonos, cum serris, et degringolaverunt cum illis.
Diabolus importat illos !!!

A M. J. ORCEL, lieutenant d'artillerie, aujourd'hui général,

Ami, que diraient-ils à ton cœur, à ton âme,
Si l'on voyait encore écrits en traits de flamme,
Sur la porte où le duc Amé les a tracés,
Ces mots victorieux échos des temps passés ?... (1)
Ton esprit évoquant les siècles héroïques,
Chercherait à travers nos ruines antiques
Ce que fut la splendeur des manoirs d'autrefois,
Et tu verras paraître et surgir à la fois
Hommes et monuments alors que nulle atteinte,
N'avait découronné la formidable enceinte.

L'aube à peine pointait de l'orient vermeil
Sur nos monts, que déjà les rayons du soleil
De la tour des romains illuminait la cîme ;
Elle éclatait semblable au nid qui sur l'abîme
Couronne le rocher et qu'habite l'aiglon :
On voyait se dresser, béants sur le vallon,
Les créneaux des remparts aux lignes dentelées ;
Maisons aux sombres tours aujourd'hui dépeuplées,

---

(1) Cette inscription a été rétablie en 1889.

Campanilles, donjons et pavillons altiers,
Tout prenait des aspects sévères et guerriers,
Seule, et sur le saint lieu puissamment défendue,
Hommage du travail, élan d'âme éperdue,
Portant de notre foi l'emblême glorieux,
La flèche du chrétien s'élançait dans les cieux !
Et le soleil montant toujours sur la montagne
D'un torrent de lumière inondait la campagne,
Et l'étranger heurtant les portes aux gros clous,
Disait : voici le jour, sentinelle, ouvrez-nous ?

La porte s'est ouverte à l'homme de la route,
Dont les pas fatigués résonnant sous la voûte,
Répercutaient leur bruit au fond du corridor;
Et dans la rue étroite et sous un rayon d'or,
On voyait resplendir les peintures murales,
Les vitraux quadrillés, les portes ogivales,
Les guerriers et les saints scellés dans les parois,
Les étages divers de nos vieux pans de bois,
Suspendus, dépassant les premières assises,
Découpaient au soleil leurs élégantes frises,
Et sur la grande place où l'art des anciens jours,
Avait multiplié les piliers et les tours,
On entendait déjà le crieur de la halle,
Et le marchand forain accroupi sur la dalle.

Tout n'était plus que bruit, le tisseur, l'artisan,
Chantaient à leur travail ; le rude paysan
Qui, par ses durs labeurs rend nos plaines fécondes,
Parcourant bruyamment la *charrière* des Rondes ;
Les sonores échos de nos vieux boulevards,
Les bruits, sur les pavés, des chevaux et des chars,
Réveillaient l'indolent au jour qui vient de naître ;
Et contre le meneau de la haute fenêtre
On voyait se pencher le naïf citadin
Aspirant la fraîcheur et les bruits du matin !

Tandis qu'en sa maison, le vieillard au front chauve,
Et l'enfant sur sa couche au fond de son alcôve,
Sur les murs peints, lisaient comme en un livre écrit,
Les combats des vieux temps, la passion du Christ ;
Le Dragon terrassé par messire Saint-Georges,
Qui lui tient constamment la dague dans la gorge ;
Le vieillard expliquait la légende à l'enfant
Qui l'écoutait ravi, joyeux et triomphant,
Et très honneste dame élégante en sa mise
Se montrait au balcon, ou courait à l'église.

Qui dira les secrets que gardent ces parois ?
Les hontes, les forfaits, les grandeurs d'autrefois,
Les tragiques amours, les sombres aventures
Qu'ont vus pendant mille ans ces antiques masures ?
De l'histoire muette aucun souffle, aucun bruit,
Ne réveille les morts de l'éternelle nuit.
Jusqu'aux jours glorieux d'un siège mémorable (1)
Que soutint notre ville au surnom d'imprenable,
Sous le blason sanglant de gueule au dragon d'or !
Un second siège fut plus mémorable encor (2)
Sous la Croix de Savoie ; on put voir sur la brèche,
Bravant la couleuvrine et le fer et la flèche,
Des combattants nouveaux se dresser près des morts,
Héros improvisés qui pour comble d'efforts,
Repoussaient une armée acharnée à la porte,
En lui jetant ces mots : Que le diable t'emporte !

Ces mots qu'ont révélé les feuillets d'un missel (3)
Cette imprécation est un titre immortel
Que l'on peut comparer au mot qu'a dit Cambronne
Aux Anglais, aux Prussiens, à la foudre qui tonne,

---

(1) En 1170 environ, — (2) En 1469. — (3) Cette inscription est dans un vieux missel de l'église de Pérouges et dans Malte-Brun.

Jadis Cambronne au diable eût donné l'assiégeant,
Le vieux preux eût été Cambronne à Mont-Saint-Jean !.

Quatre siècles n'ont pu sur ces jours de victoire,
Détruire parmi nous une vague mémoire
De batailles, d'assauts, de siège glorieux ;
Et les fils des guerriers qu'ont vaincus nos aïeux
De Péroge ont gardé l'ancien nom comme une arme
Qui donne à leurs enfants la terreur de l'alarme !
Pourtant en notre siècle, on a bien vu des fois
Pérougien d'aujourd'hui, qui des bords dauphinois
Arrivait dans nos murs désireux de connaître
Le lieu de son effroi, de sa haine peut-être.
Et qui tombe à son tour..., mais sous des yeux humains
Qui font mettre à genoux et Sabins et Romains !

Ami, n'as-tu jamais entendu l'harmonie
Que la cité natale en sa lente agonie,
Exhale dans la nuit en murmures touchants ?
Echos mystérieux dont s'inspirent mes chants !
C'est dans la baie ouverte aux vents de la vallée
Sur la ruine en fleurs de la tour crénelée
Comme un soupir plaintif des siècles révolus
Pleurant cette splendeur qui ne reviendra plus !
Ah ! le Temps n'a pas seul découronné sa tête ;
L'homme soulève aussi l'effroyable tempête
Qui fait tomber les murs, les tours, les bastions,
Au souffle dévorant des révolutions ! (1)
Mais la vieille cité ne finira pas comme
Ringuet (2) nous l'a prédit, comme a commencé Rome,
Car ses enfants pieux en leurs cœurs attendris,
Vénèreront toujours ses glorieux débris !

---

(1) Allusion à la démolition de la tour romaine en 1794.

(2) Ancien curé de Pérouges.

O toi ! qui l'aime bien malgré ta longue absence,
Viens visiter parfois le lieu de ta naissance ;
Il revêt au printemps un merveilleux décor ;
Certains logis debouts sont accueillants encor.
Et puis son bastion, son reste de courtine,
Ses lambeaux de remparts pendants sur la colline
Sa porte aux lourds vantaux emportée à demi,
Les gonds rouillés, tordus par le fer ennemi
Avec sa vieille église une aussi vieille horloge,
Sont pour nous les attraits de l'antique Pérogc !

F. THIBAUT, 1866.

www.ingramcontent.com/pod-product-compliance
Ingram Content Group UK Ltd.
Pitfield, Milton Keynes, MK11 3LW, UK
UKHW021158220726
13924UKWH00003B/1194

9 782019 938871